民法（債権法）改正後の 建築瑕疵責任論

——欠陥住宅被害救済の視点から

松本克美 ［著］

発行 🈷 民事法研究会

は し が き

　日本の民法典の財産法の部分は1896年（明治29年）に制定され、1898年（明治31年）から施行されました。それから約120年の間、根抵当権制度の新設や成年後見制度の新設などの部分的な改革は行われたものの、民法典の財産法の部分については大きな改革が行われませんでした。海外に目を転じると、日本の民法典に多大な影響を与えてきたドイツ民法典は2001年に「債務法の現代化」(die Modernisierung des Schuldrechts)のスローガンのもとに、債務法(債権法)を中心とした民法典の大改革を行いました(施行は2002年1月1日)。

　また同様に、日本民法典に大きな影響を与えてきたフランス民法典も数次にわたる改革を進めてきました。そのような中で、日本でも法制審議会に民法（債権関係）部会が立ち上がり、5年近くにわたる審議を経て民法改正要綱案が作成され、それに基づき、2017年に債権法を中心にした「民法の一部を改正する法律」（平成29年6月2日法律第44号）が成立し、2020年4月1日から施行されました。

　本書は、改正民法が建物の瑕疵（欠陥）に関する売主、建築請負人の法的責任（以下、単に「建築瑕疵責任」といいます）の解釈論にどのような影響を与えるのか、従来の判例・学説は改正民法施行後、どのように継承ないし修正されるべきなのかを、欠陥住宅被害の救済の視点から論じるものです。

　本書は3章構成となっています。第1章では改正民法の概要を紹介します。第2章では従来の瑕疵担保責任から契約内容不適合責任（「内容」を省略して単に契約不適合責任といわれることもあります）となって何が変わったのかを検討します。第3章では、建築瑕疵責任に付随する問題、他の制度との関係、経過規定などについて検討します。末尾には、建築瑕疵責任とかかわる

1

民法の条文に関する改正前と改正後の対照表も掲載しました。

　本書が改正民法後の欠陥住宅被害救済のための建築瑕疵責任論の深化発展の一助になれば幸いです。

　2023年4月

松　本　克　美

『民法（債権法）改正後の建築瑕疵責任論』

目　次

第1章　改正民法の概要

Ⅰ　明治民法典の成立とこれまでの改正……………………………… 2

　1　明治民法典の成立………………………………………………… 2

　　　Q1　日本の民法典はいつ、何のためにつくられたのでしょうか。／ 2

　2　明治民法典の改正………………………………………………… 3

　　　Q2　明治民法典は制定後、改正されたことがあるのでしょうか。／ 3

Ⅱ　2017年民法改正 …………………………………………………… 5

　1　債権関係の民法改正の経緯……………………………………… 5

　　　Q3　2017年の民法改正はどのような経緯で実現したのですか。／ 5

　2　2017年民法改正の基本理念……………………………………… 6

　　　Q4　2017年改正は、なぜ債権法を中心とした民法改正がなされたの
　　　　　でしょうか。改正の基本理念は何ですか。／ 6

　3　2017年改正の概要………………………………………………… 7

　　　Q5　2017年民法改正で特に変わったのは、どの点ですか。／ 7

第2章　改正民法における建築瑕疵責任

Ⅰ　建築瑕疵責任にかかわる改正民法の概要 …………………………10

　1　はじめに……………………………………………………………10

　　　　Q6　購入ないし注文した建物に瑕疵（欠陥）があった場合の法的責
　　　　　　任について、改正民法でどこが変わったのか、そのポイントは何
　　　　　　でしょうか。／10

　　2　売主の瑕疵担保責任……………………………………………11

　　(1)　改正前民法の規定………………………………………………11

　　(2)　改正民法の契約内容不適合責任……………………………………11

　　(3)　契約内容不適合責任の効果……………………………………12

　　3　請負人の瑕疵担保責任……………………………………………14

　　(1)　改正前民法………………………………………………………14

　　(2)　改正民法…………………………………………………………14

Ⅱ　瑕疵と契約内容不適合………………………………………………16

　　1　問題の所在…………………………………………………………16

　　　　Q7　改正前民法の「瑕疵」概念と改正民法の「契約内容不適合」概
　　　　　　念とは同じなのでしょうか。違うのでしょうか。／16

　　2　「瑕疵」概念二分論…………………………………………………17

　　　　Q8　「客観的瑕疵」と「主観的瑕疵」とはどのような概念ですか。また、
　　　　　　これらの瑕疵概念と契約内容不適合とはどのような関係にあると
　　　　　　解すべきですか。／17

　　(1)　問題の所在………………………………………………………17

　　(2)　契約内容不適合を主観的瑕疵に限定する見解…………………20

　　(3)　限定説への疑問…………………………………………………21

　　3　瑕疵の認定をめぐる従来の裁判例………………………………23

　　(1)　購入建物の瑕疵…………………………………………………23

　　　(A)　横浜地判平成22・3・25欠陥住宅判例［第6集］62頁……………23

　　　(B)　東京地判平成17・12・5判時1914号107頁　……………………24

　　(2)　注文建物の瑕疵…………………………………………………25

　　　　(A)　神戸地判平成 23・1・18 判時 2146 号 106 頁　……………………25

　　　　(B)　仙台地判平成 23・1・13 判時 2112 号 75 頁　………………………27

　　4　建築施工者等の建物の安全性配慮義務と契約内容適合性…………28

　　(1)　別府マンション事件………………………………………………………28

　　(2)　請負契約と建築施工者等の安全性配慮義務との関係………………29

　　(3)　売買契約と建築施工者等の安全性配慮義務との関係………………30

　　(4)　通常の品質確保義務……………………………………………………30

　　5　小　　括…………………………………………………………………………31

Ⅲ　契約内容不適合の損害賠償責任　………………………………………32

　　　　Q9　売買契約や請負契約の目的物である建物に契約内容不適合が
　　　　あったことを理由に損害賠償請求をするための要件と効果は、改
　　　　正前民法の瑕疵担保責任による損害賠償請求とどのように違うの
　　　　ですか。／ 32

　　1　改正民法………………………………………………………………………32

　　2　帰責事由………………………………………………………………………33

　　3　特定物の引渡しの場合の善管注意義務………………………………35

　　4　修補に代わる損害賠償請求………………………………………………37

　　　　Q10　購入した、あるいは注文して建築された建物に契約内容不適合
　　　　があった場合に、修補を請求しないで、修補にかかる費用を損害
　　　　として賠償請求できますか。／ 37

　　(1)　問題の所在…………………………………………………………………38

　　(2)　改正民法における「修補請求」…………………………………………38

　　(3)　債務の履行に代わる損害賠償請求としての修補に代わる損害

　　　　賠償………………………………………………………………………39

　　(4)　修補費用相当額の損害賠償……………………………………………40

　　(5)　売主・請負人の追完権…………………………………………………41

Q11　購入ないし注文建築で引き渡された建物に契約内容不適合が
あったために、売主ないし請負人に修補費用相当額の損害賠償を
請求したところ、売主ないし請負人がこちらで修補するから損害
賠償には応じないと言ってきました。そのような言い分が認めら
れるのですか。／ 41

(6)　修補に代わる損害賠償請求権、修補費用相当額の損害賠償請

求権の限界……………………………………………………………42

Q12　契約内容不適合の度合いが重大である場合に、建物の購入代金や
請負代金を上回るような損害賠償も可能でしょうか。／ 42

Ⅳ　契約内容不適合と解除………………………………………46

Q13　購入した、あるいは注文した建物に契約内容不適合があること
を理由に売買契約や請負契約を解除できるのはどのような場合で
しょうか。また解除の効果はどうなりますか。／ 46

1　売買契約の目的物である建物の契約内容不適合と解除………………46

(1)　改正の概要……………………………………………………………46

(2)　催告解除………………………………………………………………46

(3)　無催告解除……………………………………………………………47

2　請負契約目的物の契約内容不適合と解除………………………………48

(1)　建築請負契約の場合の解除制限規定の削除…………………………48

(2)　契約内容不適合と建築請負契約の解除………………………………49

(3)　契約内容不適合と建築請負契約の解除の限界………………………49

(4)　契約内容不適合による契約の全部解除と請負人の報酬……………52

Ⅴ　契約内容不適合責任の権利行使期間……………………………53

Q14　契約内容不適合責任を売主や請負人に追及する場合、時間的な
制限はあるのでしょうか。／ 53

1　改正前民法の瑕疵担保責任………………………………………………53

　(1)　売主の担保責任の期間制限……………………………………53

　(2)　請負人の担保責任の期間制限…………………………………53

　(3)　品確法による民法の修正………………………………………54

　2　改正民法による契約内容不適合責任に基づく権利行使期間…………55

　3　不法行為責任に基づく損害賠償請求権の権利行使期間………………56

　4　人の生命または身体を侵害する場合の損害賠償請求権の時効規

　　定の特則……………………………………………………………………57

　　　Q15　購入したり、注文した建物の契約内容不適合によりシックハウ
　　　　　スのような健康被害や、建物の倒壊により死傷したような人身損
　　　　　害が生じた場合の権利行使期間はどうなりますか。／57

　5　時効の完成猶予と更新……………………………………………………59

　　　Q16　時効の進行を止めるためにはどうしたらよいですか。この点で改
　　　　　正前と改正後で違いがありますか。また、権利者が特に何かをし
　　　　　なくても、時効が完成しないような場合もあるのでしょうか。
　　　　　／59

　(1)　改正前民法における時効の「中断」と「停止」…………………59

　(2)　改正民法における時効の「完成猶予」、「更新」概念の導入………60

　(3)　協議による時効の完成猶予………………………………………60

Ⅵ　不動産賃貸借契約と契約内容不適合責任　……………………63

　　　Q17　賃貸借契約で借りたマンションに契約内容不適合があった場合
　　　　　に、賃貸人にどのような責任を追及できるのでしょうか。／63

　1　改正前民法………………………………………………………………63

　2　改正民法………………………………………………………………63

第3章　契約内容不適合責任に付随する問題・他制度との関係

Ⅰ　契約内容不適合と同時履行の抗弁権……………………………66

　　Q18　購入した、あるいは注文した建物に契約内容不適合があった場
　　　　合でも、売主や請負人から代金を請求されたら、払わないといけ
　　　　ないのでしょうか。／66

　1　改正前民法の瑕疵担保責任と同時履行の抗弁権………………………66

　(1)　売買契約の場合………………………………………66

　(2)　請負契約の場合………………………………………67

　2　改正民法における契約内容不適合と同時履行の抗弁権………………67

　(1)　売買契約目的物の契約内容不適合責任と同時履行の抗弁権………67

　(2)　請負契約目的物の契約内容不適合責任と同時履行の抗弁権………68

Ⅱ　契約内容不適合の損害賠償債務と相殺 ……………………………70

　　Q19　購入ないし注文した建物に契約内容不適合があって損害賠償を請
　　　　求したら、売主ないし請負人から代金を請求された場合に、損害
　　　　賠償金と代金の相殺を主張することはできるでしょうか。／70

　1　改正前民法における瑕疵担保責任と相殺………………………70

　(1)　売買契約の瑕疵担保責任に基づく損害賠償請求権と相殺…………70

　(2)　請負契約の瑕疵担保責任に基づく損害賠償請求権と相殺…………70

　(3)　相殺援用と遅延損害金………………………………72

　2　改正民法の契約内容不適合責任と相殺………………………72

　(1)　買主、注文者からの相殺の可否……………………72

　(2)　売主、請負人からの相殺の可否……………………72

Ⅲ　居住利益の控除の是非……………………………………74

　　Q20　購入ないし注文した建物に重大な契約内容不適合があり、建替

え費用相当額の損害賠償請求を売主ないし請負人にしたところ、新しい建物が手に入るのだから、これまで住んでいた居住利益は賠償額から控除すべきだと相手方が主張してきました。そのような主張は認められるのでしょうか。／74

　1　建替え費用相当額の損害賠償請求の場合·············74

　2　契約内容不適合による全部解除の場合の居住利益の控除·············76

Ⅳ　危険負担と改正民法·············77

　Q21　購入ないし注文した建物の引渡しを受ける前に、地震で建物が倒壊したり、損傷してしまった場合に、売主や請負人に何か請求できますか。また代金はどうなりますか。／77

　1　はじめに·············77

　2　改正前民法における危険負担·············77

　(1)　不動産売買契約における危険負担·············77

　　(A)　はじめに·············77

　　(B)　危険負担の債権者主義の根拠·············78

　　(C)　債権者主義と異なる特約·············79

　　(D)　引渡し時に危険が移転するとする説·············79

　　(E)　受領遅滞の場合の危険負担·············79

　(2)　建築請負契約における危険負担·············80

　3　改正民法における危険負担·············81

　(1)　解除の要件から帰責事由を排除·············81

　(2)　改正民法における危険負担の規定·············82

　(3)　目的物に契約内容不適合があった場合の危険負担·············83

　　(A)　567条·············83

　　(B)　原因競合の場合·············84

Ⅴ　契約内容不適合と錯誤·············85

Q22　マンションを購入して11年が経ってから耐震強度偽装があった
　　ことがわかりました。耐震強度偽装があることを知っていたら、
　　こんなマンションは買わなかったのですが、どうしたらよいでしょ
　　うか。売主は、すでに引渡しから10年以上経っているから、買主
　　には何の権利もないと言っています。／85

　1　改正前民法の瑕疵担保責任と錯誤……………………………………85
　(1)　概　要………………………………………………………………85
　(2)　瑕疵担保責任と錯誤無効の関係………………………………87
　(3)　建築瑕疵と錯誤無効……………………………………………88
　2　改正民法における錯誤規定………………………………………90
　(1)　無効から取消しへの変更………………………………………90
　(2)　取り消しうる錯誤の要件………………………………………90
　(3)　表意者に重過失がある場合……………………………………91
　(4)　錯誤取消しの効果と善意無過失の第三者の保護……………91
　3　改正民法後の建築瑕疵と錯誤……………………………………92
　(1)　錯誤の成立………………………………………………………92
　(2)　錯誤取消しのメリット…………………………………………93
　(3)　錯誤取消しの効果の限界………………………………………94

Ⅵ　建築瑕疵責任と定型約款　………………………………………96

Q23　注文住宅の請負契約を締結する際に、請負人が契約書に、民間（七会）
　　連合協定工事請負契約約款という名前の書類を添付してきました。
　　契約の内容をいちいち決めるのも煩雑なので、この約款の内容で契
　　約をしましょうと言われ、よく中身も見ないで契約書に署名押印し
　　ました。ところが、建物の引渡しを受けて３年後に契約内容不適合
　　が見つかり、請負人に契約内容不適合責任に基づく損害賠償を請求
　　したところ、約款では引渡しから２年しか請負人は責任を負わない
　　と書いてあるから、請負人は損害賠償請求に応じる義務はないと主
　　張してきました。そのような主張が認められるのでしょうか。／96

1　改正民法による定型約款の規定の新設……………………96

2　定型約款の組入れ要件……………………………………97

3　定型約款の内容の表示　……………………………………98

4　不当条項規制　………………………………………………99

5　定型約款の変更　…………………………………………100

6　建築瑕疵責任と約款　……………………………………101

Ⅶ　建築瑕疵と不法行為責任……………………………………104

1　はじめに　…………………………………………………104

　　Q24　建築瑕疵をめぐって不法行為責任の追及が考えられるのは、ど
　　　　　のような場面でしょうか。／ 104

2　契約の相手方に不法行為責任を追及することの意義………105

　　Q25　売主や請負人、賃貸人などに契約内容不適合責任とは別に不法
　　　　　行為責任を追及することの意義、メリットはどこにあるのですか。
　　　　　／ 105

　(1)　時効メリット　…………………………………………105

　(2)　弁護士費用、慰謝料の請求　…………………………106

3　安全性瑕疵　………………………………………………107

　(1)　安全性瑕疵と客観的瑕疵、主観的瑕疵　……………107

　　Q26　判例がいう安全性瑕疵とはどのような概念ととらえるべきです
　　　　　か。瑕疵担保責任や契約内容不適合責任で問題となる客観的瑕疵
　　　　　（客観的契約内容不適合）、主観的瑕疵（主観的契約内容不適合）
　　　　　とは、どのように違いますか。／ 107

　(2)　安全性瑕疵の判断基準　………………………………108

　　Q27　安全性瑕疵の有無は、何を基準に判断すべきでしょうか。
　　　　　／ 108

　(3)　安全性瑕疵と過失　……………………………………110

Q28　建物に安全性瑕疵がある場合に、原告となった被害者やその遺族は、安全性瑕疵についての設計・施工者等の過失をどのように証明したらよいのでしょうか。／110

4　建築瑕疵と土地工作物責任 ……………………………………111

(1)　建物の占有者と所有者の責任 ………………………………111

Q29　建築瑕疵による被害について土地工作物責任を追及する場合は、誰にどのように責任を追及したらよいのですか。／111

(2)　他に責任原因者がいる場合の求償権 ………………………113

Q30　土地工作物責任に基づき損害賠償義務を履行した占有者や所有者は自らその瑕疵をつくり出したのではない場合には、踏んだり蹴ったりの目にあったことになりますが、このあとどうしたらよいですか。／113

5　名義貸し建築士の不法行為責任 ………………………………114

Q31　名義貸し建築士の不法行為責任とはどのようなものですか。／114

Ⅷ　経過規定 …………………………………………………………117

判例索引 ……………………………………………………………119

民法新旧対照表（抄）………………………………………………121

あとがき ……………………………………………………………134

著者紹介 ……………………………………………………………135

●Q目次●

Q1　日本の民法典はいつ、何のためにつくられたのでしょうか。………2

Q2　明治民法典は制定後、改正されたことがあるのでしょうか。………3

Q3　2017年の民法改正はどのような経緯で実現したのですか。…………5

Q4　2017年改正は、なぜ債権法を中心とした民法改正がなされたの
でしょうか。改正の基本理念は何ですか。……………………………6

Q5　2017年民法改正で特に変わったのは、どの点ですか。……………7

Q6　購入ないし注文した建物に瑕疵（欠陥）があった場合の法的責
任について、改正民法でどこが変わったのか、そのポイントは何
でしょうか。……………………………………………………………10

Q7　改正前民法の「瑕疵」概念と改正民法の「契約内容不適合」概念
とは同じなのでしょうか。違うのでしょうか。……………………16

Q8　「客観的瑕疵」と「主観的瑕疵」とはどのような概念ですか。また、
これらの瑕疵概念と契約内容不適合とはどのような関係にあると
解すべきですか。………………………………………………………17

Q9　売買契約や請負契約の目的物である建物に契約内容不適合が
あったことを理由に損害賠償請求をするための要件と効果は、改
正前民法の瑕疵担保責任による損害賠償請求とどのように違うの
ですか。…………………………………………………………………32

Q10　購入した、あるいは注文して建築された建物に契約内容不適合
があった場合に、修補を請求しないで、修補にかかる費用を損害
として賠償請求できますか。…………………………………………37

Q11　購入ないし注文建築で引き渡された建物に契約内容不適合が

あったために、売主ないし請負人に修補費用相当額の損害賠償を
請求したところ、売主ないし請負人がこちらで修補するから損害
賠償には応じないと言ってきました。そのような言い分が認めら
れるのですか。……………………………………………………41

Q12　契約内容不適合の度合いが重大である場合に、建物の購入代金
や請負代金を上回るような損害賠償も可能でしょうか。……………42

Q13　購入した、あるいは注文した建物に契約内容不適合があること
を理由に売買契約や請負契約を解除できるのはどのような場合で
しょうか。また解除の効果はどうなりますか。……………………46

Q14　契約内容不適合責任を売主や請負人に追及する場合、時間的
な制限はあるのでしょうか。……………………………………53

Q15　購入したり、注文した建物の契約内容不適合によりシックハウ
スのような健康被害や、建物の倒壊により死傷したような人身損
害が生じた場合の権利行使期間はどうなりますか。………………57

Q16　時効の進行を止めるためにはどうしたらよいですか。この点で
改正前と改正後で違いがありますか。また、権利者が特に何かを
しなくても、時効が完成しないような場合もあるのでしょうか。……59

Q17　賃貸借契約で借りたマンションに契約内容不適合があった場
合に、賃貸人にどのような責任を追及できるのでしょうか。…………63

Q18　購入した、あるいは注文した建物に契約内容不適合があった場
合でも、売主や請負人から代金を請求されたら、払わないといけ
ないのでしょうか。………………………………………………66

Q19　購入ないし注文した建物に契約内容不適合があって損害賠償を
請求したら、売主ないし請負人から代金を請求された場合に、損

害賠償金と代金の相殺を主張することはできるでしょうか。…………70

Q 20　購入ないし注文した建物に重大な契約内容不適合があり、建替
　　　え費用相当額の損害賠償請求を売主ないし請負人にしたところ、
　　　新しい建物が手に入るのだから、これまで住んでいた居住利益は
　　　賠償額から控除すべきだと相手方が主張してきました。そのよう
　　　な主張は認められるのでしょうか。……………………………………74

Q 21　購入ないし注文した建物の引渡しを受ける前に、地震で建物が
　　　倒壊したり、損傷してしまった場合に、売主や請負人に何か請求
　　　できますか。また代金はどうなりますか。……………………………77

Q 22　マンションを購入して11年が経ってから耐震強度偽装があっ
　　　たことがわかりました。耐震強度偽装があることを知っていた
　　　ら、こんなマンションは買わなかったのですが、どうしたらよい
　　　でしょうか。売主は、すでに引渡しから10年以上経っているから、
　　　買主には何の権利もないと言っています。……………………………85

Q 23　注文住宅の請負契約を締結する際に、請負人が契約書に、民間
　　　（七会）連合協定工事請負契約約款という名前の書類を添付してき
　　　ました。契約の内容をいちいち決めるのも煩雑なので、この約款
　　　の内容で契約をしましょうと言われ、よく中身も見ないで契約書
　　　に署名押印しました。ところが、建物の引渡しを受けて3年後に
　　　契約内容不適合が見つかり、請負人に契約内容不適合責任に基づ
　　　く損害賠償を請求したところ、約款では引渡しから2年しか請負
　　　人は責任を負わないと書いてあるから、請負人は損害賠償請求に
　　　応じる義務はないと主張してきました。そのような主張が認めら
　　　れるのでしょうか。………………………………………………………96

Q 24　建築瑕疵をめぐって不法行為責任の追及が考えられるのは、ど
　　　のような場面でしょうか。……………………………………… 104

Q 25　売主や請負人、賃貸人などに契約内容不適合責任とは別に不
　　　法行為責任を追及することの意義、メリットはどこにあるのです
　　　か。………………………………………………………………… 105

Q 26　判例がいう安全性瑕疵とはどのような概念ととらえるべきです
　　　か。瑕疵担保責任や契約内容不適合責任で問題となる客観的瑕疵
　　　（客観的契約内容不適合）、主観的瑕疵（主観的契約内容不適合）とは、
　　　どのように違いますか。………………………………………… 107

Q 27　安全性瑕疵の有無は、何を基準に判断すべきでしょうか。……… 108

Q 28　建物に安全性瑕疵がある場合に、原告となった被害者やその遺
　　　族は、安全性瑕疵についての設計・施工者等の過失をどのように
　　　証明したらよいのでしょうか。………………………………… 110

Q 29　建築瑕疵による被害について土地工作物責任を追及する場合
　　　は、誰にどのように責任を追及したらよいのですか。…………… 111

Q 30　土地工作物責任に基づき損害賠償義務を履行した占有者や所有
　　　者は自らその瑕疵をつくり出したのではない場合には、踏んだり
　　　蹴ったりの目にあったことになりますが、このあとどうしたらよ
　　　いですか。…………………………………………………………113

Q 31　名義貸し建築士の不法行為責任とはどのようなものですか。…… 114

▷凡　例◁

【法令等】

改正民法、○○条

　　→平成29年法律第44号による改正後の民法

改正前民法、旧○○条

　　→平成29年法律第44号による改正前の民法

品確法

　　→住宅の品質確保の促進等に関する法律

【判例集等】

民集　　　最高裁判所民事判例集

集民　　　最高裁判所裁判集（民事）

判時　　　判例時報

欠陥住宅判例　　　欠陥住宅被害全国連絡協議会編『消費者のための欠陥住宅
　　判例』第１集〜第８集

【文　　献】

青山・夏目（2003）　　　青山邦男・夏目明徳「工事の瑕疵」大内捷司編著『住
　　宅紛争処理の実務』（判例タイムズ社）

石田（1982）　　　石田穣『民法Ｖ（契約法）』（青林書院新社）

石橋（2022）　　　石橋秀起「欠陥住宅に関する被害者救済法理の今日の展開
　　と残された課題」現代消費者法57号

岩島・青木編著（2015）　岩島秀樹・青木清美編著『建築瑕疵の法律と実務』（日本加除出版）

内田（2008）　内田貴『民法Ⅰ総則・物権総論〔第4版〕』（東大出版会）

内田（2011）　内田貴『民法Ⅱ債権各論〔第3版〕』（東大出版会）

大阪弁護士会民法改正問題特別委員会編（2017）　大阪弁護士会民法改正問題特別委員会編『実務解説民法改正──新たな債権法下での指針と対応』（民事法研究会）

沖野（1996）　沖野眞己「いわゆる例文解釈について」星野英一先生古稀祝賀『日本民法学の形成と課題（上）』（有斐閣）

金山正信・直樹（2003）　金山正信・金山直樹「民法400条」奥田昌道編『新版注釈民法(10)Ⅰ』（有斐閣）

笠井（1999）　笠井修『保証責任と契約法理論』（弘文堂）

笠井（2009）　笠井修『建設請負契約のリスクと帰責』（日本評論社）

小久保・徳岡編著（2015）　小久保孝雄・徳岡由美子編著『建築訴訟（リーガル・プログレッシブ・シリーズ14)』（青林書院）

後藤勇（1994）　後藤勇『請負に関する実務上の諸問題』（判例タイムズ社）

後藤巻則（2017）　後藤巻則『契約法講義〔第4版〕』（弘文堂）

債権法研究会編（2017）　債権法研究会編『詳説改正債権法』（金融財政事情研究会）

齋藤編著（2017）　齋藤繁道編著『建築訴訟（最新裁判実務大系6)』（青林書院）

潮見（2009）　潮見佳男『基本講義Ⅰ債権各論（契約法・事務管理・不当利得）〔第2版〕』（新世社）

潮見（2017a）　潮見佳男『民法（債権関係）改正法の概要』（金融財政事情研究会）

潮見（2017b）　　潮見佳男『新債権総論Ⅰ』（信山社出版）

潮見（2018）　　潮見佳男『プラクティス民法・債権総論〔第５版〕』（信山社出版）

潮見（2019）　　潮見佳男「売買・請負目的物の契約不適合と『追完に代わる損害賠償』」消費者法ニュース118号

潮見（2020）　　潮見佳男『プラクティス民法・債権総論〔第５版補訂〕』（信山社出版）

潮見（2021）　　潮見佳男『新契約各論Ⅰ』（信山社出版）

潮見（2022）　　潮見佳男『基本講義Ⅰ債権各論（契約法・事務管理・不当利得）〔第４版〕』（新世社）

潮見ほか編著（2021）　　潮見佳男・北居功・高須順一・赫高規・中込一洋・松岡久和編著『Before/After民法改正──2017年債権法改正〔第２版〕』（弘文堂）

田中洋（2021）　　田中洋「請負における修補に代わる損害賠償の内容と限界」秋山靖浩・伊藤栄寿・宮下修一編著『債権法改正と判例の行方──新しい民法における判例の意義の検証』（日本評論社）

田中峯子編（2008）　　田中峯子編『建築関係紛争の法律相談〔改訂版〕』（青林書院）

筒井・村松編著（2018）　　筒井健夫・村松秀樹編著『一問一答・民法〈債権関係〉改正』（商事法務）

道垣内・中井編著（2019）　　道垣内弘人・中井康之編著『債権法改正と実務上の課題』（有斐閣）

中込（2020）　　中込一洋『実務解説改正債権法附則』（弘文堂）

中田（2017）　　中田裕康『契約法』（有斐閣）

中田（2021）　　中田裕康『契約法〔新版〕』（有斐閣）

永田真三郎（1992）　篠塚昭次・前田達明編『新・判例コメンタール民法７』
　　（三省堂）

日弁連編（2020）　日本弁護士連合会編『実務解説改正債権法〔第２版〕』（弘
　　文堂）

日弁連消費者問題対策委員会編（2018）　日本弁護士連合会消費者問題対策
　　委員会編『欠陥住宅被害救済の手引〔全訂四版〕』（民事法研究会）

野澤（2022）　野澤正充『契約法の新たな展開——瑕疵担保責任から契約
　　不適合責任へ』（日本評論社）

平野（2021）　平野裕之『新債権法の論点と解釈〔第２版〕』（慶應義塾大学
　　出版会）

古谷（2020）　古谷貴之『民法改正と売買における契約不適合給付』（法律
　　文化社）

法務大臣官房司法法制調査部監修（1984）　法務大臣官房司法法制調査部
　　監修『日本近代立法資料叢書４法典調査会議事速記録（四）〔復刻版〕』（商
　　事法務研究会）

松尾（2017）　松尾弘『債権法改正を読む——改正論から学ぶ新民法』（慶應
　　義塾大学出版会）

松本（2000）　松本克美「欠陥住宅と建築士の責任——建築確認申請に名
　　義貸しをした場合」立命館法学271・272号

松本（2002）　松本克美『時効と正義——消滅時効・除斥期間論の新たな
　　胎動』（日本評論社）

松本（2003）　松本克美「欠陥住宅訴訟における損害調整論・慰謝料論」
　　立命館法学289号

松本（2005）　松本克美「建築請負契約の目的物の主観的瑕疵と請負人の

瑕疵担保責任」立命館法学298号

松本（2007）　　松本克美「建物の瑕疵と建築施工者等の不法行為責任——最高裁2007（平19）・7・6判決の意義と課題」立命館法学313号

松本（2009）　　松本克美「建築瑕疵に対する設計・施工者等の不法行為責任と損害論　——最判2007（平成19）・7・6判決の差戻審判決・福岡高判2009（平成21）・2・6を契機に」立命館法学324号

松本（2010）　　松本克美「〔判例研究〕新築マンションの買主が当該マンションの建材から放散されたホルムアルデヒドによりシックハウス症候群、化学物質過敏症に罹患したことに対して、マンションの売主の不法行為責任に基づく損害賠償請求が認容された事例（東京地判平成21・10・1）」現代消費者法8号

松本（2011a）　　松本克美「建築請負目的物の瑕疵と同時履行の抗弁権」立命館法学335号

松本（2011b）　　松本克美「建物の安全性確保義務と不法行為責任——別府マンション事件・再上告審判決（最判2011（平23）・7・21）の意義と課題」立命館法学337号

松本（2011c）　　松本克美「〔民事判例研究〕売買目的物である建物の瑕疵についての損害額から『居住利益』・『建物耐用年数伸長利益』を控除することの可否（最高裁第一小法廷平成22・6・17判決）」法律時報1033号

松本（2012）　　松本克美『続・時効と正義——消滅時効・除斥期間論の新たな展開』（日本評論社）

松本（2013a）　　松本克美「除斥期間説と正義」広渡清吾・浅倉むつ子・今村与一編『日本社会と市民法学——清水誠先生追悼論集』（日本評論社）

松本（2013b）　　松本克美「建築瑕疵の不法行為責任と除斥期間」立命館法

学345・346号

松本（2015a）　　松本克美「時効法改革と民法典の現代化」広渡清吾先生古稀記念『民主主義法学と研究者の使命』（日本評論社）

松本（2015b）　　松本克美「民法724条後段の20年間の法的性質と民法改正の経過規定について」法と民主主義495号

松本（2017）　松本克美「債権の原則的消滅時効期間の二重期間化の合理性」深谷格・西内祐介編著『大改正時代の民法学』（成文堂）

松本（2018）　　松本克美「民法改正と建築瑕疵責任」立命館法学375号・376号

松本（2019a）　　松本克美「交渉と時効」近江幸治先生古稀記念『社会の発展と民法学（上）』（成文堂）

松本（2019b）　　松本克美「改正民法と建築瑕疵責任──瑕疵修補に代わる損害賠償請求権を中心に」大西泰博先生古稀記念『市民生活関係法の新たな展開』（敬文堂）

松本（2019c）　　松本克美「建築瑕疵の民事責任と自然災害」藤井俊二先生古稀祝賀『土地住宅の法理論と展開』（成文堂）

松本（2022）　　松本克美「建築瑕疵をめぐる消費者被害と責任論・時効論」後藤巻則先生古稀祝賀『民法・消費者法理論の展開』（弘文堂）

松本（2023a）　　松本克美「判批」判例時報2551号（判例評論771号）（2023年6月刊行予定）

松本（2023b）　　松本克美「マンションの欠陥と不法行為責任──『安全性瑕疵』概念の再検討」鎌野邦樹先生古稀祝賀『マンション区分所有法の課題と展開』（日本評論社。2023年10月刊行予定）

松本・齋藤・小久保編（2022）　　松本克美・齋藤隆・小久保孝雄編『建築訴訟〔第

３版〕（専門訴訟講座２）』（民事法研究会）

民間（七会）連合協定（2020）　　民間（七会）連合協定工事請負契約約款委員会編著『民間（七会）連合協定工事請負契約約款の解説〔第６版〕』（大成出版社）

森田（2002）　　森田宏樹『契約責任の帰責構造』（有斐閣）

山野目・中井（2019）　　山野目章夫・中井康之「売買」道垣内・中井編著（2019）所収

山本（2022）　　山本敬三『契約法の現代化Ⅲ──債権法改正へ』（商事法務）

山本・深山・山本（2019）　　山本敬三・深山雅也・山本健司「定型約款」道垣内・中井編著（2019）所収

我妻（1957）　　我妻榮『債権各論・中巻一（民法講義Ｖ２）』（岩波書店）

我妻（1962）　　我妻榮『債権各論・中巻二（民法講義Ｖ３ aa）』（岩波書店）

我妻（1964）　　我妻榮『新訂債権総論（民法講義Ⅳ）』（岩波書店）

第1章

改正民法の概要

　第1章では、改正民法の概要を紹介します。その前提として、そもそも日本の民法典はいつ何のためにできたのかということも簡単に押さえておきましょう。

Ⅰ　明治民法典の成立とこれまでの改正

1　明治民法典の成立

Q1　日本の民法典はいつ、何のためにつくられたのでしょうか。

　民法典とは財産的な取引や家族間の法律関係を規律する市民社会の基本ルールを法典としてまとめたものです。民法典の中でも前者の財産的な取引に関するルールを集めた部分は財産法、後者の家族間の法律関係をまとめた部分は家族法といわれます。

　近代民法典は近代国家の成立とともに誕生し、発展してきました。近代民法典の嚆矢（こうし）は、ナポレオンが主導して1804年に制定されたフランス民法典（Code Civil）といわれています。近代国家は国内の政治権力を国家権力に集中させるとともに、国内で共通に適用される統一法の適用を図ることによって、市場ルールの平準化を図り、財産的取引の円滑化を実現しようとするのです。

　日本でも明治以前の幕藩体制のもとでは、各藩に独自の法的ルールがあったのを、近代国家をめざした明治政府において国内市場の統一とともに、統一的財産取引、家族関係に関する法典を必要とするに至りました。また、そのような近代民法典の制定は、日本が海外の列強国と対等な条約を締結するためにも必要とされたのです。そうはいっても、近代民法典をもたない日本が自力のみで短期間で民法典を制定することは不可能です。そこで、近

代民法典を最初に制定したフランスからパリ大学の教授グスターフ・ボアソナードを招聘して、日本民法典制定作業を主導してもらうとともに、彼による法学教育を通じて日本で民法学者や法律家を養成することになったのです。

　ボアソナードが起草の中心となった民法典は、ひとまず1890年（明治23年）に完成し、帝国議会に提出されることになりました。ところが、「民法出でて忠孝滅ぶ」という過激なスローガンで有名な民法典論争が起こり、結局、この民法典は施行延期となりました。その後、民法典の修正作業が日本人の若き民法学者3博士（穂積陳重、梅謙次郎、富井政章）のもとで進められ、法典調査会での議論を経て民法改正案が作成され、これをもとにして冒頭で述べたように民法典の財産法の部分（第1編総則、第2編物権、第3編債権）が1896年（明治29年）に、そして家族法の部分（第4編親族、第5編相続）が1898年（明治31年）に制定され、両者ともに1898年（明治31年）7月16日から施行されることになりました。一般に、ボアソナード中心に起草され施行延期となった民法典を旧民法、その後、その修正として制定された民法典を明治民法典と呼んでいます。

2　明治民法典の改正

Q2　明治民法典は制定後、改正されたことがあるのでしょうか。

　明治民法典のうち、家族法の部分は男尊女卑の家父長制を支える「家制度」を基調として制定されていたので、戦後の日本国憲法が掲げる「個人の尊厳と両性の本質的平等」（憲法24条）にそぐわないものとして戦後間もなく改正作業が進められ、抜本的な改正が1947年（昭和22年）に行われました。その際、

カタカナ混じりの文語体で書かれていた明治民法典の家族法の部分は条文の体裁も口語体に改められました。他方で、日本国憲法のもとで、財産法の部分は総則の冒頭第1条に基本原則として公共の福祉、信義則、権利の濫用に関する規定が新設され、また、2条に解釈の基準として、個人の尊厳と両性の本質的平等が規定された以外の改正はなされませんでした。

　その後、根抵当権の新設（第2編物権第10章抵当権第4節398条の2以下）、成年後見制度の導入と保証契約の一部の改正および財産法部分の口語化が行われた以外は大きな改正はなかったのです。

II　2017年民法改正

1　債権関係の民法改正の経緯

> Q3　2017年の民法改正はどのような経緯で実現したのですか。

　2000年代になると、諸外国での民法改正動向や国際的な財産的取引に関する条約の新設などの動向の影響もあり、明治期に制定されてから100年以上も大きな改革のなかった財産法の部分についても、特に取引法に関連する債権法を中心に改革を進めるべきとの議論が学界の一部でなされるようになってきました。そのような中で、学者を中心とした3つの民法改正検討グループが立ち上がり、それぞれ試案を作成し発表するようになります。その中で、法務大臣が2009年10月に債権法を中心とした民法改正についての諮問を法制審議会に行い、それを受けて民法（債権関係）部会が設置されました。部会長には、債権法改正検討委員会の委員長でもあった鎌田薫教授（早稲田大学）が就任し、同検討委員会のメンバーの相当数がこの部会の委員ないし幹事に名を連ねました。ここでの5年近い審議の結果、2016年に部会の民法改正要綱案が成立し、法制審議会での審議のうえ、民法改正要綱として成立し、法務大臣に提出されました。その後、この改正要綱をもとに条文化が進められて、国会に「民法の一部を改正する法律案」として提出され、2017年6月に成立し、2020年4月1日から施行されることになったのです。

2　2017年民法改正の基本理念

> Q4　2017年改正は、なぜ債権法を中心とした民法改正がなされたの
> 　　でしょうか。改正の基本理念は何ですか。

　2017年改正では、なぜ債権関係を中心とする民法が改正されるに至った
のでしょうか。立案担当者は、改正理念を以下の2点にわたり説明していま
す[1]。

　1つは、明治民法典制定から約120年を経て社会・経済の変化は激しく、
その変化に対応して新たなルールの創設や従来のルールの変更が必要となっ
たからという「変化への対応」という理念です。

　今ひとつは、明治民法制定後、条文の解釈をめぐり膨大な判例が蓄積され、
また、学説も展開してきましたが、それらの結果、条文の文言にないルール
が多数存在するので、国民にわかりやすい民法典にするために、条文解釈の
基準として判例・通説上定着してきたルールを明文化するという「民法典の
透明性向上」という理念です。

　確かに一般的な基本理念はそうなのかもしれませんが、具体的な改正の中
身がこれらの理念に則したものなのかについては、異論がありうるかもしれ
ません。

1　筒井・村松編著（2018）304頁。

3　2017年改正の概要

> Q5　2017年民法改正で特に変わったのは、どの点ですか。

　2017年改正で特に大きく変わったのは、時効法、瑕疵担保責任の分野です。これらは、いずれも建築物の欠陥、すなわち建築瑕疵（かし）責任の問題とも大きくかかわる分野です。そのほか、商法に規定されていた有価証券に関する規定が第3編債権第7節有価証券として民法典に導入されました。定型約款の規定も新設されました（第3編債権第2章契約第1節総則第5款定型約款）。

改正民法における
建築瑕疵責任

　第2章では、売買契約で購入した建物や請負契約で注文した建物に瑕疵（欠陥）があった場合の売主、請負人の民事責任が、改正前民法と改正後とでどのように違うのかを検討します。

　まず、改正前民法の「瑕疵」概念と改正民法の「契約内容不適合」の概念の異同を検討したあとで、契約内容不適合の場合の追完請求、損害賠償請求、解除の問題を検討します。そのあとで、このような責任を追及できる権利行使期間について検討します。最後に、賃借した建物に瑕疵があった場合の賃貸人の法的責任について改正前と後でどのように違うのかを簡単に触れておきます。

I　建築瑕疵責任にかかわる改正民法の概要

1　はじめに

> Q6　購入ないし注文した建物に瑕疵（欠陥）があった場合の法的責任
> について、改正民法でどこが変わったのか、そのポイントは何でしょ
> うか。

　改正前民法においては、売買契約によって購入した建物や建築を注文して完成して引渡しを受けた建物に欠陥（瑕疵）があった場合には、売買契約上の売主の瑕疵担保責任や請負契約上の瑕疵担保責任に基づき修補費用相当額の損害賠償請求を行う、場合によっては売買契約の解除をして、支払った代金の返還を求める、請負契約の場合、修補を請求するなどが可能でした。また、建物の買主が売主ではなく、その建物の建築施工者に責任を追及する場合には、不法行為責任に基づく損害賠償請求をすることも可能でした。なお、不法行為責任は売主や請負人と契約関係がある場合にも追及することは可能です。

　2017年改正民法は、このような従来の「瑕疵担保責任」の条文を大幅に改革しました。「瑕疵」という概念は民法の条文からは消えて、「契約内容不適合」という新たな概念に変わりました。

　ここでは、責任の成立と効果の両面において、従来の瑕疵担保責任と契約内容不適合責任の異同について検討します。

2　売主の瑕疵担保責任

(1)　改正前民法の規定

改正前民法は次のように規定していました。

旧570条（売主の瑕疵担保責任）

　売買の目的物に隠れた瑕疵があったときは、第566条の規定を準用する（下線引用者。以下、特に断りがない限り同様）。

旧566条は、売買の目的物に地上権等がある場合等の売主の担保責任の規定ですが、準用されるのは、契約目的達成不能の場合に買主は契約を解除できるという点（同条1項）、損害賠償を請求できる点（同前）、解除および損害賠償は、買主が事実を知った時から1年以内にしなければならないという点です（同条3項）。

(2)　改正民法の契約内容不適合責任

　これに対して、改正民法は「瑕疵担保責任」に関する条文を削除し、新たに次のような「契約内容不適合責任」[2]と呼びうる責任を規定しました。

2　この責任を「契約不適合」に関する責任ないし「契約不適合責任」と呼ぶ論者が多いです（潮見（2017a）258頁、松尾（2017）235頁、後藤巻則（2017）294頁以下など）。しかし、条文の文言は「契約の内容に適合しない」ですし、契約不適合といえば、履行遅滞なども契約不適合といえなくもないことから、本書では、「契約内容不適合」としておきます。「契約内容不適合」という用語を使い改正民法を解説するものとして、日弁連編（2017）386頁以下、債権法研究会編（2017）440頁以下など。

562条（買主の追完請求権）

1　引き渡された目的物が種類、品質又は数量に関して<u>契約の内容に適合しないもの</u>であるときは、買主は、売主に対し、目的物の<u>修補、代替物の引渡し又は不足分の引渡しによる履行の追完</u>を請求することができる。ただし、売主は、買主に不相当な負担を課するものでないときは、買主が請求した方法と異なる方法による<u>履行の追完</u>をすることができる。

2　前項の不適合が買主の責めに帰すべき事由によるものであるときは、買主は、同項の規定による履行の追完を請求することができない。

改正民法によれば売買目的物が契約内容不適合である場合の損害賠償と解除については、債務不履行一般の規定が適用されます。

564条（買主の損害賠償請求及び解除権の行使）

前2条の規定は、第415条〔債務不履行〕の規定による損害賠償の請求並びに第541条〔催告解除〕及び第542条〔無催告解除〕の規定による解除権の行使を妨げない（〔　〕内筆者）。

---

(3)　契約内容不適合責任の効果

改正前民法では売主の瑕疵担保責任の効果は、解除と損害賠償に限定されていました（旧570条）。これに対して、改正民法における売主の契約内容不適合責任には、上述のように解除と損害賠償に加えて、追完請求（目的物の修補請求、代替物引渡請求）、代金減額請求が加えられました。

　建物の売買契約においては、所在地を含めてその建物の個性に着目して取引がなされるのが通常ですから、目的物である建物は通常は特定物と解されます。改正前民法の瑕疵担保責任に関する法定責任説は、特定物が目的物の場合は、引渡し時の現状で目的物を引き渡す義務があり（旧483条）、隠れた瑕疵がある特定物も引渡し時の現状で引き渡せば引渡義務を履行したことになり、債務不履行責任は生じないと解しました。このような考え方を特定物ドグマといいます。この考え方によれば、改正前民法が追完請求を規定していない理由も、債務不履行にならないからであると解すことになります。これに対して、特定物であったとしても瑕疵なき物の給付義務を認める契約責任説によれば、修補請求などの追完請求は認められることになります。[3]

　改正民法が従来の目的物の瑕疵を品質に関する契約内容不適合の問題ととらえ、買主に追完請求権を認めたのは、目的物の瑕疵に関する責任の本質を債務不履行責任ととらえていることを意味します。[4]　もっとも、改正前民法が瑕疵担保責任の効果として修補請求を認めていなくとも、瑕疵修補費用を損害として賠償請求できるのであれば、修補する主体が売主ではないものの、目的物の修補を実現できることに変わりはありません。したがって、修補にかかわる改正の要点は、売主自身に修補を請求できるようになった点に求められます。ただ、売主自身が建築施工をできなければ、売主が建築施工会社に瑕疵修補を依頼することになるでしょう。この場合に瑕疵を修補する建築

3　瑕疵担保責任と債務不履行責任をめぐる従来の理論動向については、野澤（2022）等に譲ります。

4　法制審議会・民法（債権関係）部会の幹事でもあった潮見佳男は、改正民法の解説の中で、「これにより、物が契約の内容に適合していなかった場合の売主の責任が債務不履行責任であることが明らかとなった（契約責任説の採用。法定責任説の否定。とりわけ、『特定物の売買において、性質は契約の内容にならない』との特定物ドグマを否定したことが重要である。）」と指摘する（潮見（2017a）258頁）。

施工会社は修補義務の「履行補助者」と解されます。

3　請負人の瑕疵担保責任

(1)　改正前民法

　改正前民法は、売主の瑕疵担保責任の規定とは別に、仕事の目的物に瑕疵がある場合に、注文者は請負人に瑕疵の修補および瑕疵の修補に代えて、あるいは瑕疵の修補とともに損害賠償請求できることを規定しました（旧634条）。売買契約とは異なり、請負契約において請負人は仕事完成義務を負っています（旧632条）から、瑕疵なき物を引き渡す義務があります。ですから、請負人が一応仕事を完成したとしても、目的物に瑕疵があれば仕事完成義務が履行されていないと評価することもできます。そこで、改正前民法は、仕事の工程が一応終了すれば債務は履行されたとしつつも、目的物に瑕疵があった場合には、債務不履行責任の特則として請負人の瑕疵担保責任を定め、請負人の帰責事由を問うことなく、瑕疵修補と損害賠償を認めるとともに、早期の法的関係の確定のために、短期の除斥期間（目的物が土地工作物以外の場合は引渡し時から1年——旧637条1項、木造建築物などは引渡しから5年、金属造建築物などは引渡しから10年——旧638条1項）を定めたと解されています[5]。

(2)　改正民法

　これに対して改正民法は、請負契約に固有な瑕疵担保責任の規定を削除しました。その結果、請負契約の仕事の目的物に契約内容不適合があった場合には、有償契約に売買契約上の契約内容不適合責任に関する規定が準用され

5　改正前民法の請負契約における瑕疵担保責任と債務不履行責任の関係については、内田（2011）274頁〜275頁等。

る（559条）ことを通じて、請負人が契約内容不適合責任を負うことになりました。なお権利行使期間については、売買と同様に注文者が不適合を知った時から1年の瑕疵通知期間制度を新設し（637条1項）、短期の除斥期間規定を削除しました。

　以下、以上の点をさらに詳しく検討していきましょう。

Ⅱ　瑕疵と契約内容不適合

1　問題の所在

> Q7　改正前民法の「瑕疵」概念と改正民法の「契約内容不適合」概念と
> は同じなのでしょうか。違うのでしょうか。

　前述したように（Ⅰ2、3）、2017年民法改正で、「瑕疵」という用語が民法
典から削除され、売買ないし請負の目的物の種類、品質、数量に関して「契
約の内容に適合しないもの」（以下、単に「契約内容不適合」といいます）がある
場合の責任を上述のように規定しました（562条以下）。このうち数量に関す
る契約内容不適合の責任は、従来の数量指示売買に関する売主の担保責任（旧
565条）に代わるものといえましょう。それでは、従来の「瑕疵」概念と目的
物の種類、品質に関する「契約内容不適合」概念とは異なる概念なのでしょ
うか。

　ところで、新築住宅の構造上重要な部分に関する瑕疵に関して民法の瑕疵
担保責任の規定を一部修正する特別法として住宅の品質確保の促進等に関す
る法律（品確法。平成11年法律第81号）があります。民法から「瑕疵」という
言葉が削除されたのに対応して、品確法も一部改正されることになりました
が、そこでは、「この法律において『瑕疵』とは、種類又は品質に関して契約
の内容に適合しない状態をいう」という瑕疵の定義規定が新設されました（改
正品確法2条5項）。つまり、ここでは、「瑕疵」＝「種類、品質に関する契約

内容不適合」とされているのです。もちろん、品確法上の「瑕疵」の意義が種類、品質に関する契約内容不適合だとしても、このことをもって、従前の民法上の瑕疵担保責任における「瑕疵」と改正民法の種類、品質に関する契約内容不適合が同じ概念であることを論証する根拠にはなりません。しかし、種類、品質に関する契約内容不適合とは、従前の「瑕疵」概念を言い換えたものにすぎないと考えるならば、品確法の瑕疵の定義は、端的に、そのことを表現した例ととらえることができるでしょう。

2 「瑕疵」概念二分論

> Q8 「客観的瑕疵」と「主観的瑕疵」とはどのような概念ですか。また、これらの瑕疵概念と契約内容不適合とはどのような関係にあると解すべきですか。

(1) 問題の所在

従来、瑕疵は、売買契約に関しても請負契約に関しても、目的物が通常有する品質を欠く場合の客観的瑕疵と契約で定めた品質を欠く場合の主観的瑕疵に整理して論じられてきました。従来の判例・通説は、どちらの瑕疵も瑕疵担保責任を生じさせる瑕疵と認めてきました。[6]この2つの瑕疵概念につき、客観的瑕疵と主観的瑕疵と二元的に考える二元説と、通常の品質を満たすことは通常は契約の内容になっていると考えられるから主観的瑕疵に一元化してとらえられるという一元説があり、両者が対立しているというような説明がなされることがあります。[7]しかし、客観的瑕疵概念は、契約で特に品質を定めていなくても、通常の品質を欠いていたら瑕疵にあたるとするのであっ

て、通常の品質を備えていることが契約の内容（前提）となっていると解釈できるならば、結論は同じです。この場合に二元説と一元説の対立はありません。

　この点に関連して重要なのが、次の最高裁判決（最判平成22・6・1民集64巻4号953頁）をもって判例は主観的瑕疵概念に統一する立場に立ったという理解[8]が存在する点です。事案は土地の売買契約当時には有害物質として規制の対象となっていなかったフッ素が土中に含まれており、売買契約による目的物の引渡し後に、フッ素が有害物質として規制対象となり、その除去費用に多額の費用を要したとして、これを隠れた瑕疵であったとして買主が売主に瑕疵担保責任を追及した事案です。最高裁判所は、「売買契約の当事者間において目的物がどのような品質・性能を有することが予定されていたかについては、売買契約締結当時の取引観念をしんしゃくして判断すべき」として、「本件売買契約締結当時の取引観念上、それが土壌に含まれることに起因して人の健康に係る被害を生ずるおそれがあるとは認識されていなかっ

6　売買契約の瑕疵につき、大判昭和8・1・14民集12巻71頁は、売買目的物の「其ノ物ノ通常ノ用途若ハ契約上特定シタル用途ニ適セサルコト少カラサルトキハコレ所謂目的物ニ瑕疵ノ存スル場合ナリ」としています。学説は、このような判例を踏まえて、売買契約の「目的物の『瑕疵』には、まず、それを保有すべきことが取引上一般に期待される品質・性能を欠いている場合─客観的瑕疵─が含まれることには異論がない。さらに、これだけでなく、契約上予定した使用についても、それに対する適性を害するような欠点─主観的瑕疵─をも含むものとされる」としています（永田真三郎（1992）84頁）。また請負契約においても、仕事の目的物の「瑕疵の内容は、売買の場合と同じく目的物の有する欠陥であり、目的物が通常有していている品質や性能、あるいは、請負契約において特に示された品質や性能を基準にして判断───される」とされています（石田（1982）332頁）。請負契約の瑕疵概念についての検討として、松本（2005）1675頁以下および本文後述の裁判例も参照してください。

7　後述するように潮見説は、このように客観的瑕疵概念と主観的瑕疵概念を対立的なものとしてとらえています。

8　潮見（2017a）89頁、91頁、後藤巻則（2017）287頁など。

たふっ素について、本件売買契約の当事者間において、それが人の健康を損なう限度を超えて本件土地の土壌に含まれていないことが予定されていたものとみることはできず、本件土地の土壌に溶出量基準値及び含有量基準値のいずれをも超えるふっ素が含まれていたとしても、そのことは、民法570条にいう瑕疵には当たらないというべきである」としました。

しかし、この判決は、売買契約当時の取引観念を基準にして、一般にフッ素が有害物質として認識されていたか否かを問題として、そのような認識がなかったことをもって瑕疵を否定しているだけです。控訴審において本件における隠れた瑕疵を否定する売主の主張も、「隠れた瑕疵とは、売買の目的物が<u>通常有すべき性能、品質を欠いていた場合又は契約当事者が契約上予定していた性質を欠いていた場合</u>」として客観的瑕疵と主観的瑕疵の二元説に立ったうえで、「瑕疵の有無の判断に当たっては、<u>売買契約当時の知見、法令等を基礎として判断すべき</u>」として、瑕疵の判断基準が売買契約時に求められるべきことを主張しているだけです。客観的瑕疵概念が前提とする「通常の品質」の判断基準時は当該契約の時点であって、その時点で要求される「通常の品質」だと考えるなら、客観的瑕疵概念によっても同じ結論を導くことは可能です。何より、この最高裁判決は売買契約をした当事者の契約内容そのものから直接に瑕疵の有無を判断しているのではなくて、「本件売買契約締結当時の取引観念」[9]を基準にしているのですから、契約締結時を判

---

9 潮見説は、客観的瑕疵概念を売買目的物の品質について「契約内容から切り離して物質的・客観的に判断すべき」とする見解ととらえています。しかし、客観的瑕疵の判断基準時が契約時であるとする客観的瑕疵概念にはこの批判はあてはまりません。潮見説は、売買契約当時に要求されるべき品質でなく、瑕疵担保責任を追及する時点で客観的に要求される品質を欠いていると瑕疵があるとする無限定な客観的瑕疵概念を批判の対象としているといえましょう。

断基準とする客観的瑕疵概念を排除して主観的瑕疵概念だけを認めたものとまでは位置づけられないのではないでしょうか。

　問題は、後述するように、契約で通常の品質を備えていることが明示的には定められていない場合です。通常の品質を欠けば客観的瑕疵があるととらえる場合には、契約に明示されていなくても、通常の品質を欠いているという目的物の客観的性質について主張証明すれば瑕疵があることになるでしょう。これに対して、主観的瑕疵しか認めない一元説の場合には、通常の品質を備えているべきことが契約の内容になっていたことを主張証明する必要があるのではないでしょうか。もっとも、後者の場合でも、およそ一般に目的物が通常の品質を備えるべきことは契約の黙示的内容になっているととらえるならば、結論的には違いはないことになります。

(2)　契約内容不適合を主観的瑕疵に限定する見解

　学説の中には、改正民法でいう契約内容不適合とは従来の主観的瑕疵概念による場合と「同様の手法」であり、「具体的な契約を離れ、目的物を即物的・客観的に捉えたときに当該物が通常有しているであろう性質を欠いていることをもって契約不適合と見る考え方を否定したもの」（下線引用者。特に断りがない限り、以下同様）とする見解があります[10]。この見解は、このように解すべき根拠を「私的自治による自律的な決定」に求めています。すなわち、論者によれば、「契約目的物の種類・品質・数量に関するリスクを当事者のいずれが引き受けるべきかを確定するにあたって、契約を離れた社会通念や取引通念のみによって判断してはならず、当該具体的な契約に基づくリスク分配という観点を基礎に据えるべきである」[11]ということです。なぜなら、「両

10　潮見（2022）91頁。同旨として、山本（2022）326頁。
11　潮見（2022）91頁。

当事者の私的自治による自律的な決定を尊重し、その結果を当事者に負担さ
せることが正当化できるためには、両当事者がみずからの判断で、かかるリ
スク分配に同意し、契約を締結した」ことが必要ですが、「そのためには、両
当事者が契約締結にあたり、当該契約のもとでのリスクを計算し、あるリス
クについてはみずからが引き受け、他のリスクについては相手方当事者に転
嫁するとの決定をしたのでなければならない[12]」というわけです。

　このように契約内容不適合を主観的瑕疵に限定する説を限定説と名づける
ならば、次のような疑問が生じます。

(3)　限定説への疑問

　この限定説は、契約目的物の種類や品質に関するリスクを当事者のどちら
かが負担するとすれば、そのリスク分配を自己決定したことが必要だという
自己決定論を論拠としています。確かに私的自治の原則が認められ、また、
自己決定が何らかの負担や責任の根拠であると考えるならば、その限りでは
妥当な見解でしょう。たとえば、建物の売買契約において、建物の品質に関
するこういうリスクは売主が負うが、こういうリスクは負わないというよう
なことが契約で明確に合意されていれば、その合意内容が公序良俗やその他
の強行規定に反するなどの特段の事情がなければ、私的自治により、契約の
合意内容を基準に契約内容不適合を判断すればよいのです[13]。このことには
誰も異論はないでしょう。

　しかし、契約締結にあたり、そのような明確なリスク配分がされていない
場合は、どう解するのでしょうか[14]。上述の限定説は、他方で、「両当事者の
合意を基点として契約内容の確定をおこない（ここで規範的・補充的解釈がさ

12　潮見（2022）92頁。
13　なお請負契約におけるリスク配分を論じたものとして、笠井（2009）。

れることはいうまでもありません）、そこから契約によるリスク分配をあらわ
す契約規範（リスク分配規範）をとりだし、その規範に基づく法律効果を導き
出すという、契約解釈一般に妥当する枠組みの要求するところ」であるとし
ます[15]。したがって、契約で特に品質を定めていない場合には、契約の「規範的・
補充的解釈」により、「通常の品質を有することは契約の内容となっている」
と解釈するならば、結局は、従来の客観的瑕疵概念を認めることと差異はな
いようにもみえます[16]。しかし、「規範的・補充的解釈」がなされることを指
摘するだけでは、「通常の品質を有することは契約の内容となっている」とい
う解釈が<u>常</u>になされるとは限りません。この意味で、従来の客観的瑕疵概念
は、当該契約の具体的内容をあれこれ解釈しなくとも、特段の事情がない限
り目的物が客観的に通常の品質を有しない場合に瑕疵を認めるのですから、
解釈基準としては恣意性を排除できて合理的な基準であったといえるのでは
ないでしょうか[17]。前述の潮見説も他方で、契約適合的な種類・品質・数量
がいかなるものであるかが、契約当事者の評価から明らかでない場合は、「当
該目的物に対して客観的に結びつけられるところの通常の利用目的から導か
れる種類・品質・数量（当事者が締結した売買契約の類型的特徴から導かれる類
型的な種類・品質・数量）が二次的に考慮に入れられることを否定すべきでは
ない」としています[18]。

14　この点に関連して、青山邦男、夏目明徳の両裁判官は、建築工事の瑕疵につき、「契
　　約内容に反する瑕疵」と「一般的建築基準に違反する瑕疵」の両方をあげ、後者は、契
　　約内容が明確でない場合に問題となるとしています（青山・夏目（2003）125頁以下）。
15　潮見（2022）91頁。
16　この点につき、平野（2021）398頁。
17　以上のような私見の基本的考え方に賛同する見解として、古谷（2020）310頁注666、
　　311頁注668。
18　潮見（2021）121頁。

　瑕疵概念に主観的瑕疵と客観的瑕疵の双方を含むという観点を契約内容不適合概念にも貫徹するならば、契約内容不適合には、契約で特に定めた契約内容の不適合＝「主観的契約内容不適合」と、契約で特に定めていなくても、社会通念上、当該契約の前提とされている目的物の品質に関する契約内容の不適合＝「客観的契約内容不適合」の両者を含むというように整理できるでしょう。

3　瑕疵の認定をめぐる従来の裁判例

　建築瑕疵をめぐり、従来の裁判例がどのように瑕疵を認定してきたかを具体例をあげて検討してみましょう。

(1)　購入建物の瑕疵

(A)　横浜地判平成22・3・25欠陥住宅判例［第6集］62頁

　事案は昭和53年に築造され、その後、増築などがされた建物を土地付きで平成16年（築26年後）に購入した買主が、本件建物を支える地盤の擁壁に建築基準法令、横浜市の条例に違反する瑕疵があり、横浜市から是正勧告を求められており、契約目的が達成できないとして、売主に瑕疵担保責任に基づく契約解除と損害賠償などを求めた事案です。横浜地方裁判所は、本件売買契約で求められる品質が何かについて契約内容を確定することをせずに、端的に目的物の客観的性質から次のように瑕疵を認定しており、客観的瑕疵認定の一事例といえます。

　「以上の認定事実によれば、本件擁壁は、擁壁Aの上部増し打ち及び盛土並びに擁壁Bについて、宅造法8条1項の許可を得ていない点や同法9条の技術基準に適合していない点において、是正が必要な状況であること、このような本件擁壁の状況は、本件契約の締結時には既に生じていたものと推認

できるから、本件物件には、本件契約の当時から上記の点において瑕疵があったものというのが相当である」。

(B)　東京地判平成17・12・5判時1914号107頁[19]

　本件は、シックハウスとなるような化学物質が排出されないことを前提にして新築マンションを購入した買主が、引き渡されたマンションからは環境物質対策基準値を上回る化学物質が排出されて健康を侵害され、居住に適さないとして、売主に対して瑕疵担保責任、債務不履行責任、不法行為責任を追及した事案です。

　判決は、売主の瑕疵担保責任を認め請求を一部認容しました。本判決の瑕疵の認定は次のように、売買契約当事者が契約内容としていた目的物の品質はどのようなものであるのかについて、<u>当事者の合理的な意思を探求</u>して、その品質の内容・水準を確認し、本件売買契約の目的物が引渡し時にその内容・水準を満たしていなかったことをもって瑕疵があったと認定しています。

①　契約当事者の合理的な意思の確認　　「被告は、本件建物を含むマンションの分譲に当たり、環境物質対策基準であるJASのFc0基準及びJISのE0・E1基準を充足するフローリング材等を使用した物件である旨を本件チラシ等にうたって申込みの誘引をなし、原告らがこのような本件チラシ等を検討の上被告に対して本件建物の購入を申し込んだ結果、本件売買契約が成立したのである。そうである以上、本件売買契約においては、本件建物の備えるべき品質として、本件建物自体が環境物質対策基準に適合していること、すなわち、ホルムアルデヒドをはじめとする環境物質の放散につき、少なくとも契約当時行政レベルで行われていた

19　本判決も含めてシックハウスに関する民事責任を検討したものとして、松本（2010）77頁～86頁参照。

各種取組において推奨されていたというべき水準の室内濃度に抑制され
たものであることが前提とされていたものと見ることが、<u>両当事者の合</u>
<u>理的な意思に合致するもの</u>というべきである」。

② 　瑕疵の認定　　本件売買契約当時は「住宅室内におけるホルムアルデ
ヒド濃度を少なくとも<u>厚生省指針値の水準に抑制すべき</u>ものとすること
が推奨されていたものと認めるのが相当である。そして、本件において
は、前記のとおり、原告らに対する引渡当時における本件建物の室内
空気に含有されたホルムアルデヒドの濃度は、100μg／立方メートル
（0.1mg／立方メートル）を相当程度超える水準にあったものと推認され
ることから、本件建物にはその品質につき当事者が前提としていた水準
に到達していないという瑕疵が存在するものと認められる」。

(2)　注文建物の瑕疵

　　(A)　神戸地判平成23・1・18判時2146号106頁

注文者が請負人に多数の瑕疵があるとして瑕疵担保責任ないし不法行為責
任に基づき建替え費用相当額の損害賠償を請求した事案です。原告の請求を
一部認容した神戸地方裁判所は、次のように、客観的瑕疵と主観的瑕疵の双
方を認定しています。

① 　客観的瑕疵　　「建築物の基礎は当該建築物に作用する荷重及び外力
を安全に地盤に伝え、かつ、地盤の沈下又は変形に対して構造耐力上安
全なものとしなければならないのであって（建築基準法施行令38条1項）、
<u>基礎が軟弱地盤に対応することができていないことによって不同沈下・</u>
<u>傾斜が生じるというのは、建物の構造上の安全性を欠くもの</u>であり、本
件建物には<u>構造上の瑕疵</u>が存する」。ここでは、<u>上記建築基準法施行令</u>
<u>に違反していない品質があることが契約内容に含まれるているのか否か</u>

を確定することなく、端的に引き渡された建築請負目的物の客観的性質が上記建築基準法施行令に違反しているかどうかを基準に瑕疵を認定しており、客観的瑕疵認定の典型例といえます。

②　主観的瑕疵　　「本件契約において建築される建物の耐火構造については、カタログに記載されたとおりの施工がなされるよう合意されていたと認めるのが相当である。……したがって、本件契約においては、本件建物○階天井部分の耐火構造として12.5ミリメートルの石膏ボードを2枚重ねて設置することが合意されていたと認めるのが相当であり、かかる契約上の合意に反し、○階天井の根太を挟んで石膏ボード2枚を設置している本件建物には瑕疵が存する」。

　　ここでは、本件契約内容の補充的解釈により、合意内容を確定し、その合意に反しているか否かにより瑕疵の存否を認定しているのですから、主観的瑕疵を認定したものといえるでしょう。

③　不法行為責任の認容　　なお本件では、以上のような瑕疵があることを理由に、不法行為責任の成立も認め、結論的には不法行為責任に基づく損害賠償を認容しています。

　　「本件建物には、基礎が軟弱地盤に対応できていない構造上の瑕疵を含む重大な瑕疵が含まれているというべきであり、かかる瑕疵を含む本件建物を建築した被告Yには、建物建築を請け負った業者として負う瑕疵のない建物を建築する注意義務に違反した過失が存するものと認められるから、被告Yは、不法行為責任として、本件建物に瑕疵が存在することによって原告に生じた損害を賠償する義務を負うものと認められる」。

　　ここでは、不法行為責任成立の要件である過失の前提となる注意義務

を「建物建築を請け負った業者として負う瑕疵のない建物を建築する注
意義務」としている点が注目されます。この点はのちにあらためて検討
しましょう。

　(B)　仙台地判平成23・1・13判時2112号75頁

引き渡された注文住宅に多数の瑕疵があったとして、注文者が請負契約上
の瑕疵担保責任ないし不法行為責任に基づき請負人に損害賠償を請求した事
案です。仙台地方裁判所は、契約内容には通常有すべき安全性が含まれると
いう注目すべき判示を行うとともに、建物の基本的な安全性配慮義務を認め
た後述の最高裁平成19年判決の射程距離が、安全性瑕疵とはいえない瑕疵
における不法行為責任を否定するものではないとことを前提とする判示もし
ており、この点も極めて注目されます。

① 「請負契約における仕事の目的物の瑕疵とは、一般に、完成された仕
　事が契約で定められた内容を満たさず、目的物について、使用価値若し
　くは交換価値を減少させるような欠点があるか、又は当事者間で予め定
　められた性質を欠いているなど、不完全な点があることをいうものと解
　される。

　　これを建物の建築工事請負契約に即してみると、建物としての機能や
　財産的価値の大きさなどに照らし、目的物である建物が最低限度の性能
　を有すべきことは、請負契約上当然に要求される内容といえるから、そ
　のような最低限度の性能について定めた建築基準法令（国土交通省告示、
　日本工業規格、日本建築学会の標準工事仕様書（JASS）等を含む。）に違反す
　る場合や、そのような違反がなくても当該建物が客観的にみて通常有す
　べき最低限度の性能を備えていない場合には、目的物について、契約で
　定められた内容を満たさず、使用価値若しくは交換価値を減少させるよ

うな欠点があるものとして瑕疵があるというべきである」。

② 「建物の設計者、施工者及び工事監理者は、建物の建築主や居住者に対し、広くその生命、身体及び財産に損害を与えないよう配慮すべき注意義務を負うものと解すべきであり、この理は、これらの者と契約関係にある建築主に対する関係でも同様に妥当するものというべきである。

そして、建物の具体的な瑕疵が、明らかに建物の構造的安全性に関わるような基礎ないし構造躯体に関するものでない場合であっても、当該瑕疵により建築主や居住者の財産に損害が生じる場合には、上記注意義務違反を構成するものということができる。……本件建物には上記一のとおり本件具体的瑕疵が認められるところ、これらの瑕疵により、本件建物についてその交換価値又は使用価値が損なわれ、或いは補修工事を要することとなる結果、建築主である原告に対し、後記六(1)のとおり財産的損害が生じることが認められる」。

4　建築施工者等の建物の安全性配慮義務と契約内容適合性

(1)　別府マンション事件

別府マンション事件（最判平成19・7・6民集61巻5号1769頁。以下、「最高裁平成19年判決」といいます）は、賃貸マンションの経営をするために、賃貸マンション用の新築建物を購入したところ、多数の瑕疵があったとして、買主がこの建物を建築施工した、直接契約関係のない建築施工者に、本件建物の修補費用等に関して、不法行為責任による損害賠償請求をした事案です。[20]

最高裁平成19年判決は、次のような画期的な判示をしました。

20　別府マンション事件の各判決についての筆者の見解の詳細については、第3章Ⅶ3のほか、松本（2007）、同（2009）1頁〜37頁、同（2011b）、同（2023b）等に譲ります。

「建物は、そこに居住する者、そこで働く者、そこを訪問する者等の様々な者によって利用されるとともに、当該建物の周辺には他の建物や道路等が存在しているから、建物は、これらの建物利用者や隣人、通行人等（以下、併せて「居住者等」という。）の生命、身体又は財産を危険にさらすことがないような安全性を備えていなければならず、このような安全性は、建物としての基本的な安全性というべきである。そうすると、建物の建築に携わる設計者、施工者及び工事監理者（以下、併せて「設計・施工者等」という。）は、建物の建築に当たり、契約関係にない居住者等に対する関係でも、当該建物に建物としての基本的な安全性が欠けることがないように配慮すべき注意義務を負うと解するのが相当である。そして、設計・施工者等がこの義務を怠ったために建築された建物に建物としての基本的な安全性を損なう瑕疵があり、それにより居住者等の生命、身体又は財産が侵害された場合には、設計・施工者等は、不法行為の成立を主張する者が上記瑕疵の存在を知りながらこれを前提として当該建物を買い受けていたなど特段の事情がない限り、これによって生じた損害について不法行為による賠償責任を負うというべきである。居住者等が当該建物の建築主からその譲渡を受けた者であっても異なるところはない」。

　従来、この最高裁判決については、建築施工者等の不法行為責任のあり方、そこでいわれた「建物の基本的な安全性を損なう瑕疵」の民法709条の要件論への位置づけなどをめぐって議論されてきました。しかし、最高裁平成19年判決は、単に、建築施工者等の不法行為責任の問題にとどまらず、売買契約や請負契約の契約内容適合性の内容にも影響を与えるものと考えられます。

(2)　請負契約と建築施工者等の安全性配慮義務との関係

　判例によれば、建築施工者等は、建物としての基本的な安全性を損なう瑕

疵がないように建築施工する安全性配慮義務を負っています。このような不法行為責任の過失の前提をなす安全性配慮義務は、建築施工者が請負契約上の請負人である場合には、注文者に対して負う注意義務でもあります。先に引用した仙台地判平成23・1・13が指摘するように「建物の設計者、施工者及び工事監理者は、建物の建築主や居住者に対し、広くその生命、身体及び財産に損害を与えないよう配慮すべき注意義務を負うものと解すべきであり、この理は、これらの者と契約関係にある建築主に対する関係でも同様に妥当する」のです。したがって、建築請負契約上、その目的物である建物は基本的な安全性を損なう瑕疵がないことが前提とされていると評価できます。すなわち、建築請負契約の目的物たる建物は、そのことにつき、いちいち契約において個別にリスク配分をしていなくても、建物としての基本的な安全性を備えていることが当然の前提となっているといえましょう。

(3)　売買契約と建築施工者等の安全性配慮義務との関係

　同様のことは建物の売買契約における契約内容適合性の判断にもあてはまります。建物の売買契約の売主は、自らが建築施工した建物を売る場合（建築施工型）と、自らは建築施工業者に建物を建築させて注文者の地位に立ち、完成した建物を売却する場合（非建築施工型）とがあり得ます。しかし、どちらにしても、建築施工者等は建物としての基本的な安全性を損なう瑕疵がないように建築施工する安全配慮義務を負っているのですから、売買目的物である建物は、特段の事情のない限り基本的な安全性を損なう瑕疵がないことが売買契約の前提とされ、契約の内容になっているといえます。

(4)　通常の品質確保義務

　そして、最高裁平成19年判決のいう建物としての基本的安全性瑕疵は、前掲・仙台地判平成23・1・13が指摘するように、生命、身体に直接危険

をもたらすような瑕疵だけでなく、建物としての通常の品質を欠くために修理を要し、それがために建物所有者に財産的損害を生じさせるような瑕疵も含むと解すべきです。なぜなら、最高裁平成19年判決がいうように、建物は居住者等の「生命、身体又は<u>財産を危険にさらすことがないような安全性</u>」を備えていなければならないからです。したがって、最高裁平成19年判決が指摘する建築施工者等が負う「当該建物に建物としての基本的な安全性が欠けることがないように配慮すべき注意義務」には、生命・身体だけでなく、<u>財産を危険にさらさない安全性配慮義務</u>が含まれているといえます。結局、このような意味での建物の安全性配慮義務は、生命・身体・財産に危険を及ばさない建物としての通常の品質確保義務を建物の安全性確保の観点からとらえ直したものということができましょう。

5　小　括

　以上のように、改正前民法における建築請負契約、建物売買契約における目的物の瑕疵に当該契約締結時を基準にして判断される客観的瑕疵が含まれることは当然です。また、改正民法における建築請負契約、建物売買契約の目的物の契約内容適合性についても、原則として建物は建物としての基本的な安全性を損なう瑕疵がないことが契約の前提とされているものとして解釈されるべきでしょう[21]。なお、建築瑕疵をめぐる不法行為責任の問題については、第3章Ⅶで検討します。

21　日弁連消費者問題対策委員会編（2018）も、「改正民法が瑕疵概念を『契約の内容に適合しないこと』に置き換えたことは、従来の客観的瑕疵を排除する趣旨ではなく、客観的瑕疵のない建物を建築することは当然に契約内容に含まれていると解すべきである」と指摘しています（19頁）。

Ⅲ　契約内容不適合の損害賠償責任

Q9　売買契約や請負契約の目的物である建物に契約内容不適合があったことを理由に損害賠償請求をするための要件と効果は、改正前民法の瑕疵担保責任による損害賠償請求とどのように違うのですか。

1　改正民法

　前述したように（Ⅰ2、3）、改正民法は、契約内容不適合の場合の損害賠償責任について債務不履行一般の損害賠償規定である415条を準用しています。

　ちなみに改正後の民法415条は次のように規定しています。

415条（債務不履行による損害賠償）

1　債務者がその債務の本旨に従った履行をしないとき又は債務の履行が不能であるときは、債権者は、これによって生じた損害の賠償を請求することができる。ただし、その債務の不履行が契約その他の債務の発生原因及び取引上の社会通念に照らして債務者の責めに帰することができない事由によるものであるときは、この限りでない。

2　前項の規定により損害賠償の請求をすることができる場合において、債権者は、次に掲げるときは、債務の履行に代わる損害賠償の請求をすることができる。

> 一　債務の履行が不能であるとき。
>
> 二　債務者がその債務の履行を拒絶する意思を明確に表示したとき。
>
> 三　債務が契約によって生じたものである場合において、その契約が解除され、又は債務の不履行による契約の解除権が発生したとき。

2　帰責事由

　瑕疵担保責任は、従来、無過失責任と解され、瑕疵に対する損害賠償責任においては、帰責事由のないことは免責事由とされていませんでした[22]。もっとも、たとえば、東日本大震災の津波災害のように、当該建物に瑕疵があろうがなかろうが、その地域のすべての建物が津波により破壊されてしまったような場合には、建物倒壊という損害の発生と当該建物の瑕疵の間に因果関係がないとの理由で免責されることはあり得ますが、これは、民法415条の免責事由のように、因果関係が認められたうえでの免責とは異なります[23]。

　415条が規定する「その債務の不履行が契約その他の債務の発生原因及び取引上の社会通念に照らして債務者の責めに帰することができない事由によるもの」という場合の、「その債務」とは、本書で論じていることとの関係でいえば、「契約内容に適合した目的物を引き渡すべき債務」ということになるでしょう。帰責事由がない例としては、債務者以外の第三者により目的物が毀損されたような場合や、自然災害などの不可抗力により債務が履行できな

22　たとえば、中田裕康はこの点につき、端的に次のように指摘します。「瑕疵担保責任においては、売主の帰責事由は必要ない（570・566条）。つまり、無過失責任である」（中田（2017）306頁）。

23　自然災害を契機に建築瑕疵が発見された場合の民事責任についての詳細は、松本（2019c）403頁〜419頁参照。

くなった場合が考えられます。

　たとえば、売買契約ないし請負契約の目的物である建物を契約内容に適合した物として引き渡す準備を完了し、翌日に買主ないし注文者に引き渡す予定にしていたところ、第三者が夜中に窓ガラスを壊して侵入し、建物内部を毀損したような場合、引渡しの時点では、窓ガラスや建物内部の損傷によって契約内容に適合した物を引き渡す債務の不履行が生じています。しかし、第三者が侵入しないように建物を善管注意義務[24]をもって管理していたのであれば、債務の発生原因および取引上の社会通念に照らし債務者に帰責事由がないといえましょう。この場合の売主・注文者と買主・請負人の間の法律関係は後に述べる危険負担の問題になります。

　また、引渡日の前日に、震度8の地震が発生し、引き渡すべき建物が倒壊してしまった場合でも、契約内容では「震度7でも損壊しない建物」と定められていたのであれば、建物の引渡債務の不履行について債務者に帰責事由がないということになりましょう。これに対して、建物の品質について契約上、特に定めていなくても、たとえば、震度5の地震で建物が全壊したような場合は、そのきっかけは自然力である地震であったとしても、「契約その他の債務の発生原因及び取引上の社会通念に照らして」債務者の帰責事由を肯定できましょう。なぜなら、前述のとおり（Ⅱ4）、売買契約ないし請負契約上、およそ目的物としての建物には建物としての基本的な安全性を損なう瑕疵のないことが契約内容となっていると考えられ、また、現在の建物の耐震基準[25]では震度7の地震で倒壊しないことが求められているのですから、そのような「取引上の社会通念」からして、債務者に帰責事由がないとはいえ

24　改正民法後の善管注意義務の解釈については後記3で詳論します。

ないからです。

ところで、改正民法では瑕疵担保責任という言葉はなくなりましたが、契約内容不適合責任を規定した条文の見出しには、依然として「担保責任」という文言が使われています（565条、566条、568条、569条、572条）。ここでいう「担保」とは、売主は目的物の品質等が契約内容に適合していることを保証しているという意味であると解すべきです。したがって、売主から買主に引き渡された目的物の品質が契約内容に適合しないものであった場合には、そのこと自体が責めに帰すべき事由、帰責事由にあたると解すべきでしょう。[26]

3　特定物の引渡しの場合の善管注意義務

なお、特定物の引渡義務を負う者の保管義務の程度を定めた民法400条は民法改正により文言が変わっている点があるので、ここで補足的に検討しておきましょう。

改正前の旧400条は「債権の目的が特定物の引渡しであるときは、債務者は、その引渡しをするまで、善良な管理者の注意をもってその物を保存しなければならない」と規定していました。改正民法は、当該特定物の引渡義務者である債務者が負う善管注意義務の内容・程度が「契約その他の債権の発生原因及び取引上の社会通念に照らして定まる」という修飾語を付加した点に特

25　1981年（昭和56年）6月1日施行の建築基準法施行令改正により導入された基準で新耐震基準といわれます。震度6強から7程度の大規模地震の場合に、建物にある程度の被害が出るとしても、建物が倒壊して人の生命に危害を及ぼすことのない程度の性能が求められています。

26　保証した結果の不実現自体に帰責事由を求める見解として、潮見（2020）98頁～99頁、同（2021）156頁、同（2022）100頁。保証責任が過失責任と並んで債務不履行責任の帰責事由となることにつき、笠井（1999）6頁以下、森田（2002）60頁以下等参照。

徴があります。

　もっとも改正前民法においても、ここでいう善管注意義務とは、「債務者の職業、その属する社会・経済的な地位において一般的に要求されるだけの注意[27]」などと定義され、絶対的単一的な注意義務の内容・水準ではなく相対的に決められるべきこと、また「一般的に要求される」という規範的評価が含まれることは承認されてきました[28]。

　旧400条については、ローマ法の伝統的な理解により、「事物の本性から客観的に定めるものと考えられていた」従来の善管注意義務概念が、前掲の修飾語（「契約その他の債権の発生原因及び取引上の社会通念に照らして定まる」）が付されることにより「質的に異なるものとなっている」と指摘する見解があります[29]。この見解は、「契約その他の発生原因から契約の内容（契約規範の内容）を導くことができたときに、これを『取引上の社会通念』で上書き・修正することを容認する意図は、立案関係者にも法制審議会（債権関係）部会の構成メンバーにもなかった」ことを強調しています[30]。そして「取引上の社会通念」という文言が本条文に付加されている理由は、「契約の内容（契約規範の内容）を導く際に当事者の主観的事情とともに客観的事情も考慮されることも示す」ものにすぎないとしています[31]。

　注文住宅や購入住宅において、請負人や売主が目的物である建物を引き渡す前に第三者が建物に侵入して内部を損傷させたというケースを考えてみましょう。この場合、契約において建物引渡し時までは、請負人ないし売主が

27　我妻（1964）26頁。
28　この点の詳細は、金山正信・直樹（2003）176頁〜179頁参照。
29　潮見（2017b）195頁。
30　潮見（2017b）195頁〜196頁。
31　潮見（2017b）196頁。

24時間建物の周囲を防犯カメラで監視する特約が付いていたような場合には、それが契約上の善管注意義務の内容・程度になるし（取引上の社会通念よりも高い注意義務の場合）、また、注文者、買主が建物内部を見たいので、鍵を庭の植木鉢の下に外見からわからないように置いておいてくれと頼まれて請負人、売主がそのようにしたところ、何者かに鍵を盗まれて建物に侵入されたような場合（取引上の社会通念よりも低い注意義務の場合）にも契約で定まった善管注意義務の内容・程度には違反していないから善管注意義務違反はないという趣旨なのでしょう。

　ただし、いくら契約内容で善管注意義務の程度や内容を定めていたとしても、たとえば、当該建物のある地域で最近空き巣被害が頻発していることを注文者や買主は知らなかったが、請負人や売主は知っていた場合には、後者の植木鉢の下に鍵を置くようなことは危険だからやめるように指摘する信義則上の注意義務が「取引上の社会通念」に照らして生じるのではないでしょうか。だとすると、契約の内容により定められた善管注意義務の程度・内容が取引上の社会通念で修正されることになるのと同じことではないでしょうか。むしろ、その点にこそ善管注意義務の内容・程度が、契約その他の債権の発生原因「及び」取引上の社会通念に照らして定まるとしている文言の意味があることにならないでしょうか。

4　修補に代わる損害賠償請求

> Q10　購入した、あるいは注文して建築された建物に契約内容不適合
> 　　があった場合に、修補を請求しないで、修補にかかる費用を損害と

> して賠償請求できますか。

(1)　問題の所在

　改正前民法では、請負契約の目的物に瑕疵があった場合に、旧634条の解釈として、注文者は瑕疵の修補に代えて、直ちに損害賠償を請求することができました。[32]特に瑕疵が重大な場合には、そのような重大な瑕疵ある建物を建築施工した請負人に再度補修させることを躊躇するのが通常でしょうから、この点で、修補に代えた損害賠償を直ちにできる点には大きな意義があったといえます。

　ところが改正民法では、このような請負契約に固有な規定は民法から削除され、請負契約の場合も、契約内容不適合に関する損害賠償請求には、改正民法415条が準用されることになりました。

(2)　改正民法における「修補請求」

　ところで562条1項は、目的物が契約内容不適合である場合に、買主は売主に債務の履行の「追完」請求の一形態として「目的物の修補」を請求できる旨を規定しています。同条文の見出しは「買主の追完請求権」とされていますが、この追完請求権は債務の履行請求権と同じものなのか、区別されるべきものなのかについては見解の相違があります。

　追完請求権は債務の履行がなされたが、それが不完全であったので、<u>その不完全な債務不履行の効果として</u>認められると解すならば、<u>履行が全くされない場合に履行を請求する履行請求権</u>とは区別されうることになります。た

32　最判昭和54・3・20判時927号184頁は、仕事の目的物に瑕疵がある場合には、注文者は瑕疵の修補が可能なときであっても、修補を請求することなく直ちに修補に代わる損害賠償を請求することができることを認めています。

だ、上位概念としての履行請求権には、全く履行がされない場合の履行請求
権と履行がされたが不完全なために債務の本旨に従った履行を求める追完請
求権との2つがあると解したほうが、体系的に透明度が高いのではないかと
も思われます。

　そして562条は、目的物が引き渡されなかったのではなく、引き渡されたが、
契約内容不適合があった場合の追完請求権ですから、全く引渡しがない場合
の履行請求権とは区別されるでしょう。ただし、追完債務も「債務」には代
わりないとすれば、債務不履行の規定が適用されると考えれば足り、特段の
事情がなければ、通常の債務不履行と異なる法的効果を考える必要はないの
ではないでしょうか。

　⑶　**債務の履行に代わる損害賠償請求としての修補に代わる損害賠償**

　目的物に契約内容不適合があり買主や注文者に追完請求権としての修補請
求権があるといっても、修補が不能であるほどに契約内容不適合の度合いが
大きい場合には、どう解すべきでしょうか。この場合は修補債務が履行不能
であるとして、債務の履行が不能な場合の債務の履行に代わる損害賠償の請
求（415条2項1号）をすることができると解すことになるでしょう。なお、
手抜き工事により契約内容不適合がなされたために、同じ請負人に修補をし
てほしくないような場合には、物理的には修補が可能でも、その債務者によ
る修補は不能と考えて、修補に代わる損害賠償を認めてよい場合もあると考
えます。[33]

　同様に、契約内容不適合の度合いが大きい場合には、当該契約の信頼関係
が破壊されたとして解除権が発生し、したがって415条2項3号により修補

33　松本（2018）467頁。

に代わる損害賠償を請求できるという見解[34]もありますが、確かにそういう場合も考えられましょう。

　また修補請求をしたが、その履行を請負人や売主が拒絶した場合にも履行に代わる損害賠償請求は認められるでしょう（415条２項２号）。

(4)　修補費用相当額の損害賠償

　以上は、要するに415条２項を適用した修補に代わる損害賠償請求ですが、これとは別に、契約内容不適合を理由に債務の本旨に従った債務の履行がないことによる損害として、修補費用相当額を同条１項により損害賠償請求できると解すべきです[35]。改正前民法では売主の瑕疵担保責任の法的効果として瑕疵修補請求権が買主に認められていなかったので、修補費用相当額の損害賠償請求として処理されてきましたが、それと同じ方式です。請負契約では改正前民法のもとでも瑕疵修補請求権が認められ、それとは別に、瑕疵修補に代わる損害賠償請求権が明文で認められていました（旧634条）。改正後の民法では、売買契約であれ、請負契約であれ追完請求としての修補請求が履行不能等の場合の修補債務の履行に代わる損害賠償（415条２項）と、追完請求とは別に、修補にかかる費用を端的に「その債務の本旨に従った履行をしないとき」にこれによって生じた損害として、その賠償請求をする場合の損害賠償（同条１項）の２つがあることになります[36]。

34　潮見（2019）156頁。

35　筒井・村松編著（2018）341頁注２参照。ただし、この見解は、なぜ415条１項を適用すべきなのかについて十分に理由を説明していない点、また、同条２項による修補に代わる損害賠償請求を否定するかのような説明ぶりをしている点に疑問も残ります。

36　松本（2019a）21頁〜34頁。なお、この論文では、修補請求をしてそれが履行不能等の場合の修補に代わる損害賠償と、修補請求をすることなく直ちに修補費用を損害として賠償請求する場合の２つに分けています。契約内容不適合の度合いが大きく、履行不能であることが明らかである場合には、履行請求をすることなく、履行不能を理由に修補に代わる損害賠償を請求できることはいうまでもないでしょう。

⑸　売主・請負人の追完権

> Q11　購入ないし注文建築で引き渡された建物に契約内容不適合があっ
> たために、売主ないし請負人に修補費用相当額の損害賠償を請求し
> たところ、売主ないし請負人がこちらで修補するから損害賠償には
> 応じないと言ってきました。そのような言い分が認められるのです
> か。

　修補の履行が不能でなく、解除権も発生せずに、また、売主ないし請負人
が修補を拒絶しておらず、むしろ修補をすることを申し出ている場合でも、
買主、注文者は、修補ではなく修補費用相当額の損害賠償請求をなしうるで
しょうか。

　562条が規定しているのは、<u>買主の追完請求権</u>であって、売主の追完権で
はありません。そして、同条ただし書は、「売主は、買主に不相当な負担を
課するものでないときは、買主が請求した方法と異なる方法による履行の追
完をすることができる」と規定していますが、これは同条１項本文の追完請
求権の例外規定なのですから、ここでいう「買主が請求した方法」には、買
主が415条１項を根拠にした修補費用相当額の損害賠償を請求した場合は含
まれないと解すべきです。すなわち、<u>買主が目的物の契約内容不適合を理由
に修補費用相当額の損害賠償を売主に請求したときに、売主は、買主に不相
当な負担を課するものでないので、自分が修補をするという方法で履行の追
完をすることはできないと解すべき</u>です。[37]

37　松本（2019a）32頁。なお、潮見（2020）132頁～133頁。

　なお、ある論者は、562条1項ただし書が規定する売主は「買主に不相当な負担を課すものでない」のであれば追完方法を選択できるという部分は、「買主が追完請求をしていない場面や、追完の要求をしているものの追完方法を指示していない場面でも妥当するものとみるべきである」としています。[38]他方でこの見解は、「債権者から履行に代わる損害賠償の請求を受けた債務者は、履行がなお可能な場合（たとえば、履行拒絶の意思を明らかにしていた場合や、履行の催告に応答していなかったなどにより契約解除の要件が充足されているものの、解除がされていない場合）に、履行をすること（追完）によって履行に代わる損害賠償の請求を免れることはできない」とします。その理由は、「債権者が履行に代わる損害賠償という手段を選択した以上、債務者はこれに拘束される」からだというわけです。そして、「債権者が履行に代わる損害賠償の請求に固執することが信義誠実に反する場合には、権利濫用または信義則違反として個別に対処すれば足りる」とします。[39]この理は、買主、注文者が改正民法415条2項による履行に代わる損害賠償として修補費用相当額の賠償請求をする場合にだけでなく、同条1項による修補費用相当額の損害賠償を請求する場合にもあてはまると解すべきことになりましょう。

(6)　修補に代わる損害賠償請求権、修補費用相当額の損害賠償請求権の限界

Q12　契約内容不適合の度合いが重大である場合に、建物の購入代金や請負代金を上回るような損害賠償も可能でしょうか。

38　潮見（2020）83頁。
39　潮見（2020）132頁〜133頁。

　旧634条1項ただし書は、「瑕疵が重要でない場合において、その修補に過分の費用を要するとき」は、請負人の瑕疵担保責任に基づく注文者の修補請求権は認められない旨を定めていました。そして、判例は、瑕疵が重要でなく修補に過分の費用がかかるときは修補請求が認められないだけでなく、旧634条1項ただし書の法意に照らし、注文者の修補に代わる損害賠償請求も認められないとしてきました（最判昭和58・1・20判時1076号56頁）。改正民法では、旧634条自体が削除されましたが、それでは、改正民法のもとでは、修補請求や修補に代わる損害賠償、修補費用相当額の損害賠償請求を不可とするような制限はないのでしょうか。

　この点で改正民法の立案担当者の解説は、旧634条1項は、「瑕疵が重要である場合に請負人に現実に修補をさせることとしていた点においては規定は合理性を失っていた[40]」としたうえで、修補に「過分の費用を要するときは、修補は取引上の社会通念に照らして不能であると扱われ、履行不能に関する一般的な規定（新法412条の2第1項）によって、請負人に修補を請求することはできないことになる。履行不能による損害賠償請求において、その過大な費用相当額を損害として賠償請求することもできないと解される[41]」と説明しています。

　しかし、このような解釈は大いに疑問です。判例は、瑕疵が重大であり、建て替えざるを得ないというような場合には、建替え費用相当額の損害賠償を認めてきました（最判平成14・9・24判時1801号77頁）。以前には改正前民法635条が請負契約の目的物が建物その他の土地工作物である場合には、瑕疵が重大でも請負契約の解除はできないという規定がありました。そこで、

40　筒井・村松編著（2018）340頁。
41　筒井・村松編著（2018）341頁。同旨を展開するものとして、田中洋（2021）328頁。

瑕疵が重大な場合に請負契約を解除できないのに、建替え費用相当額の賠償請求を認めると、解除以上の負担（建物解体費用、新築費用、その間の引っ越し費用、代替家屋の賃料等）を請負人が負うことになるので、建替え費用相当額の賠償請求はできないとする見解もありました[42]。しかし、前掲・最判平成14・9・24は、「請負人が建築した建物に重大な瑕疵があって建て替えるほかはない場合に、当該建物を収去することは<u>社会経済的に大きな損失をもたらすものではなく</u>、また、そのような建物を建て替えてこれに要する費用を請負人に負担させることは、<u>契約の履行責任に応じた損害賠償責任を負担させるものであって、請負人にとって過酷であるともいえない</u>のであるから、建て替えに要する費用相当額の損害賠償請求をすることを認めても、同条ただし書の規定の趣旨に反するものとはいえない」として、「建築請負の仕事の目的物である建物に重大な瑕疵があるためにこれを建て替えざるを得ない場合には、注文者は、請負人に対し、建物の建て替えに要する費用相当額を損害としてその賠償を請求することができるというべきである」としたのです。

　明治民法典起草者も、請負契約の目的物が建物である場合に、建物の瑕疵が重大で生命の危険もあるような場合に、請負契約が解除できないのでは困るではないかという趣旨の法典調査会委員の問題提起に対して、起草委員の穂積陳重は、「其家ノ建テ方ガ非常ニ粗末デアッテ其中ヘ住居スルノガ危険デアルト云フサウ云フ場合ニ於テハ<u>多分ノ費用ヲヨウシマセウケレドモ其レヲ充分ニ直スト云フコトガ出来ナケレバ往カヌノデアリマス</u>」と答えています[43]。

　請負人は契約内容に適合した仕事を完成して引き渡す債務を負っているの

42　否定説の代表的論者が後藤勇元裁判官です（後藤勇（1994）参照）。
43　法務大臣官房司法法制調査部監修（1984）552頁。

ですから、自ら建て替えざるを得ないような重大な瑕疵ある建物を建築しておいて、その瑕疵修補にかかる費用が過大であることを理由に損害賠償責任を負わないのであれば、そのほうが不合理ではないでしょうか。

IV　契約内容不適合と解除

Q13　購入した、あるいは注文した建物に契約内容不適合があることを
　　　理由に売買契約や請負契約を解除できるのはどのような場合でしょ
　　　うか。また解除の効果はどうなりますか。

1　売買契約の目的物である建物の契約内容不適合と解除

(1)　改正の概要

　改正前民法においては、売買目的物に隠れた瑕疵があり、そのために契約
目的が達成できない場合に契約の解除が認められました（旧570条、566条1
項）。改正民法では前述のように（I 2）、契約内容不適合の担保責任に特有
の解除の規定は削除され、債務不履行一般の解除の規定（541条、542条）が適
用されることとなりました（564条）。契約内容不適合を理由とした解除は、
催告解除（541条）と無催告解除（542条）に分けられます。

(2)　催告解除

　買主が売主に修補請求をしたが修補がなされないので、買主が売主に相当
の期間を定めて修補の履行を催告し、その期間内に履行がないときに解除を
する場合です（541条）。改正民法はこの場合の解除権の制限事由として、「そ
の期間を経過した時における債務の不履行がその契約及び取引上の社会通念
に照らして軽微であるときは、この限りでない」としています（541条ただし
書）。たとえば、修補がなされたが、期限までに9割しかなされず、残りの

1割はまだ修補がなされていないというような場合は、債務の履行遅滞が軽微であるとして解除が認められないというようなことが考えられます。

　履行遅滞の程度が軽微で解除ができない場合に、そのまま履行遅滞が継続したらどうなるでしょうか。その場合、買主は売主に遅延損害金を請求できることはもちろんですが、修補が一部なされない状態がいつまでも続いては買主にとっても困ります。この場合に、「債務者がその債務の一部の履行を拒絶する意思を明確に表示したとき」は、修補の履行の一部がなされないことについて契約の一部解除をすることが考えられます（542条2項2号）。

　また、修理の一部がなされないまま期限を徒過した場合に、たとえばそれが屋根の防水設備の修補である場合、そのままでは雨が降ったときに雨漏りなどが生じるおそれがあり困ります。そこで改正民法542条1項4号の「契約の性質又は当事者の意思表示により、特定の日時又は一定の期間内に履行をしなければ契約をした目的を達することができない場合において、債務者が履行をしないでその時期を経過したとき」を理由に、売買契約の一部を解除して、なされない修補の一部について他の業者に修補を依頼した場合にかかる費用を損害として売主に賠償請求することが考えられます。この場合の損害賠償は、契約の解除を理由とする債務（追完債務としての修補債務）の一部不履行を理由とした履行に代わる損害賠償ということになりましょう（415条2項3号）。なお、実際に契約を解除しなくても解除権が発生すれば履行に代わる損害賠償請求は可能です（同号後段）。

(3) 無催告解除

　債務の全部の履行が不能である場合や、債務の一部の履行が不能で、残存部分のみでは契約目的を達成できないような場合には、無催告解除が認められます（542条1項1号・3号）。契約内容不適合の担保責任が生じるのは、

562条が「引き渡された目的物が……契約の内容に適合しないものであるときは」としているように、目的物が引き渡された場合です。

　売買目的物である建物が引き渡されたが、構造上重大な欠陥があり、建て替えるほかはないような場合には、構造上重大な欠陥がないという契約内容に適合した目的物の引渡債務の全部の履行が不能であるという理由で、無催告解除ができると解すべきでしょう。目的物である建物内で過去に首吊り自殺があったとか、殺人事件があったというような、いわゆる事故物件であることを秘匿して売買がなされ、あとで買主がそれを知った場合も、そのような「心理的瑕疵」がある建物であれば、契約内容に適合せず、履行の全部が不能であるとして、無催告解除ができると考えられます。

2　請負契約目的物の契約内容不適合と解除

(1)　建築請負契約の場合の解除制限規定の削除

　前述のように（Ⅲ4(6)）、改正前民法は請負契約の目的物が建物その他の土地工作物である場合には、瑕疵が重大でも請負契約の解除はできない旨規定していました（旧635条）。そして、この規定を理由に、瑕疵が重大で建替えが必要な場合にも、建替え費用相当額の損害賠償を認めると、解除が認められる以上に請負人の負担が大きくなることを理由に、建替え費用相当額の損害賠償請求を認めない見解や下級審裁判例が散見されたことは前述しました。しかし、前掲・最判平成14・9・24は、瑕疵が重大で建て替えなければならない場合は、建替えのためにそのような重大な瑕疵のある建物の解体を認めても社会経済的損失はなく、また契約の本来の履行責任を負担させるだけであるから、請負人にとって過酷とはいえないとして、建替え費用相当額の損害賠償請求を認めたわけです。だとすれば、建て替えざるを得ないよ

うな重大な瑕疵のある場合は、民法635条の例外として、建築請負契約の解除が認められてもよいという見解もありました。

改正民法では、こうした経緯もあり、建築請負契約の解除制限をした改正前民法635条は削除されたわけです。

(2) 契約内容不適合と建築請負契約の解除

請負契約の目的物の契約内容不適合を理由とした解除については、売買契約の場合と同じく、債務不履行一般の解除規定である改正民法541条と542条が適用されます。したがって、前記1で述べたことはそのまま建築請負契約にも妥当しましょう。

なお請負契約については、請負契約特有の解除制限規定がおかれています。すなわち、契約内容不適合の原因が注文者の提供した材料の性質または注文者の与えた指図によって生じた場合は、契約内容不適合を理由とした追完請求、報酬の減額請求、損害賠償の請求および解除はすることができません（636条）。ただし、請負人がその材料または指図が不当であることを知りながら告げなかったときは、契約内容不適合についての上記の請求、解除は可能です（同条ただし書）。旧636条も同様な規定をおいていたのを、改正民法が請負契約の瑕疵担保責任ではなく、契約内容不適合の責任について新たな規定をおいたのにあわせて文言を改めたものです。

(3) 契約内容不適合と建築請負契約の解除の限界

最高裁判所まで争われた事件に「柱の太さ事件」と呼ばれるものがあります（最判平成15・10・10判時1840号18頁[44]）。学生用のアパートの建築を依頼した注文者は、学生が下宿する建物が倒壊して建物の下敷きになり死亡者が出

---

44 本判決を検討したものとして、松本（2005）参照。

るなどした阪神・淡路大震災を経験した直後だったこともあり、本件建物の安全性の確保に神経質となっており、本件請負契約を締結するに際し、請負人に対し、重量負荷を考慮して、特に南棟の主柱については、耐震性を高めるため、当初の設計内容を変更し、その断面の寸法300mm×300mmの、より太い鉄骨を使用することを求め、請負人もこれを了承したにもかかわらず、完成した建物の南棟の主柱が約定のものと異なり、断面の寸法250mm×250mmの鉄骨を使用したことが瑕疵にあたるとして、損害賠償を請求した事件です。

　請負人は250mm×250mmの鉄骨であっても本件建物の安全性には問題ないから瑕疵はないと主張し、原審はそれを認めました。最高裁判所は、本件建物の耐震性を高めるため、「南棟の主柱につき断面の寸法300mm×300mmの鉄骨を使用することが、特に約定され、これが契約の重要な内容になっていた」場合には、その約定に違反して断面寸法が50mm少ない鉄骨を使用したことは瑕疵にあたるとして、破棄差し戻しました。本件で問題となった瑕疵は通常の安全性は満たすという点では客観的瑕疵にはあたりませんが、契約で特に定めた内容への違反、すなわち主観的瑕疵にあたることになるでしょう。

　ところで、この事件では、改正前民法では請負契約の解除は制限されていたこともあり、解除は問題となっていませんでした。しかし、同様の事件が改正民法のもとで起きた場合には、請負契約の解除は可能なのでしょうか。契約内容不適合が南棟の柱の太さだけに限定されているのだから、債務の一部は履行されていると考えて、契約の一部解除をすることは意味がないでしょう。なぜなら、南棟の柱の太さが約定違反のものとして残存している状態を変えることができないからです。

　そこで、まず注文者としては、契約内容不適合責任に基づく追完請求として、可能であれば南棟の主柱を300mm×300mmのものに取り替える、あるいは、それと同等の耐震安全性を高める措置をするよう請求することが考えられます。これが不可能な場合、あるいは可能であっても請負人がそれを拒否した場合には、全体として契約内容不適合の目的物が引き渡されたのであるから、債務の全部の履行が不能である（542条1項1号）、あるいは、債務の一部が履行不能であり、かつ、残存部分では契約をした目的を達成できないとして契約全部を解除する（同項3号）ことは可能でしょうか。改正前民法で建築請負契約の解除が制限されていた理由として、解除を認めると、建物を解体して取り壊さねばならず、社会経済的損失が生じるという理由があげられていました。約定に違反して、通常より耐震性の高い建物ではないが、通常の耐震性はある建物である場合には、契約内容不適合による解除を認めると社会経済的損失が生じるともいえます。

　しかし、前掲・最判平成14・9・24が建替え費用相当額の損害賠償請求を認めたときの、請負人に本来の契約の履行責任を尽くさせるものであるから、請負人にとって過酷とはいえないという理由は、本件のような主観的瑕疵にあたる契約内容不適合にもあてはまるとはいえないでしょうか。

　なお、債務の不履行が軽微である場合には解除ができないという催告解除における541条ただし書の規定は、542条の無催告解除においても前提となっているとするかのような見解があります。[45]しかし、債務の一部履行不能を理由に契約全部を解除できるのは、そもそも「残存する部分のみでは契約を

45　中井康之は、「現行法における契約目的不達成の場合に限るという解除の特則を廃して、原則規定の541条、542条の規律が適用されるとしたことによって、軽微性の判断に委ねられる面があるとは言え、一般論としては解除できる範囲が広がったのではないかと思います」とします（山野目・中井（2019）305頁）。

した目的を達することができないとき」（改正541条1項3号）なのです。契約目的が達成できない場合は、債務不履行が軽微とはいえないでしょう。

(4)　契約内容不適合による契約の全部解除と請負人の報酬

　634条は、注文者が受ける利益の割合に応じた報酬について規定しています。すなわち、請負人がすでにした仕事の結果のうち可分な部分の給付によって注文者が利益を受けるときは、その部分を仕事の完成とみなし、請負人は、注文者が受ける利益の割合に応じて報酬を請求することができます。ただし、このような報酬請求ができるのは、「注文者の責めに帰することができない事由によって仕事を完成することができなくなったとき」（同条1号）、または「請負が仕事の完成前に解除されたとき」（同条2号）です。

　なお、契約内容不適合により契約の全部解除がなされた場合は、改正民法で新設されたこの規定の適用はありません。なぜなら、契約内容不適合責任は、前述したように目的物が完成し、引き渡された後に生じる責任だからです。もっとも、たとえば、防水シートの設置が一部忘れられていたまま建物が引き渡されたというような場合には、契約内容不適合であるとともに、仕事が完成していないのではないかとも解釈されます。このような場合には、一応仕事は完成したが、契約内容不適合があるとして、防水シートの設置を追完請求として請求すれば足りるし、それが履行されない場合は、履行遅滞による催告後の契約の一部解除や一部履行不能による契約の一部解除ということになり、契約の全部解除とはならないでしょうから、問題はないでしょう。

V　契約内容不適合責任の権利行使期間

> Q14　契約内容不適合責任を売主や請負人に追及する場合、時間的な
> 制限はあるのでしょうか。

1　改正前民法の瑕疵担保責任

(1)　売主の担保責任の期間制限

　売主の瑕疵担保責任に基づく契約解除または損害賠償請求は買主が目的物の隠れた瑕疵を知った時から1年以内に行使することを要します（旧570条・566条3項）。判例はこの期間を除斥期間と解していますが、裁判外であっても、売主に瑕疵を具体的に指摘して損害賠償請求等の権利行使の意思を表示すれば、それにより権利は保全され、その後は10年の通常の債権の消滅時効が進行するとし（最判平成4・10・20民集46巻7号1129頁）、通説もそれを支持しています。[46]他方で、売主の瑕疵担保責任に基づく損害賠償請求権も債権であることに変わりはないので、判例は債権の消滅時効規定も重複して適用され、権利行使可能な時（当該事案では目的物の引渡しの時と解釈）から10年で消滅にかかると解されています（最判平成13・11・27民集55巻6号1311頁）。

(2)　請負人の担保責任の期間制限

　改正前民法は、建築請負人の担保責任の期間制限について、次のように定

46　潮見（2009）91頁。

めていました。

> **旧638条**
>
> 1　建物その他の土地の工作物の請負人は、その工作物又は地盤の瑕疵
> について、引渡しの後5年間その担保の責任を負う。ただし、この期
> 間は、石造、土造、れんが造、コンクリート造、金属造その他これら
> に類する構造の工作物については、10年とする。
>
> 2　工作物が前項の瑕疵によって滅失し、又は損傷したときは、注文者
> は、その滅失又は損傷の時から1年以内に、第634条の規定による権
> 利を行使しなければならない。

(3)　品確法による民法の修正

　以上の瑕疵担保責任に関する権利行使期間についての定めは任意規定と解
されており（旧572条、旧640条）、これより期間を短縮する特約（たとえば、引
渡しから2年しか瑕疵担保責任を負わない）も有効です。[47]品確法は、品確法が
定義する新築住宅の政令が定める建物の主要構造部分の瑕疵に関する権利行
使期間については、目的物の引渡しの時から10年とし、かつ、これを強行
規定としました（94条、95条）。しかし、この規定は、担保責任を制限する特
約の有効性を定めた旧572条、旧640条を修正する規定であって、旧570条が
準用する旧566条3項の準用規定や、旧638条2項を修正するものではあり
ません。したがって、売買目的物の隠れた瑕疵を知った場合には、それから

47　宅地建物取引業法40条1項は、宅地建物取引業者が自ら売主となる宅地または建物の
　売買契約を締結した場合には、自らの担保責任に2年未満の期間制限を付ける特約は無
　効としています。

1年以内に権利行使すべきこと、また、建築請負契約の目的物が滅失、損傷した時はその時から1年以内に権利行使しないと権利が消滅することに注意しなければなりません。

2　改正民法による契約内容不適合責任に基づく権利行使期間

改正民法は従来の瑕疵担保責任に基づく権利行使期間の特別な定めを削除しました。したがって、権利行使期間については債権の消滅時効の一般規定が適用され、権利を行使することができる時から10年、権利を行使することができることを知った時から5年という二重期間が適用されます[48]（166条1項）。

そのうえで、買主や注文者は目的物の契約内容不適合を知った時から1年以内にその旨を売主ないし請負人に通知しておかないと、後で、契約内容不適合についての責任を売主や請負人に追及できないという契約内容不適合通知制度が導入されました（566条、637条1項）。

従来も「隠れた瑕疵を知った時」の解釈として、建物に関する何らかの不具合（たとえば、強風で家が揺れるなど）を知ったとしても、その不具合が売主の担保責任をもたらす「瑕疵」と認識できなければ、瑕疵担保責任に基づく権利行使もできないのであるから、単なる不具合現象を知るだけでなく、その不具合が目的物の瑕疵と評価できることを知ることが必要だと解されてきました[49]。

その趣旨は、買主が「その不適合を知った時」の解釈にも同様にあてはまるでしょう。すなわち、買主が建物についての何らかの不具合現象を知った

48　改正民法が導入した二重期間に対する筆者の批判として、松本（2015）357頁〜372頁、同（2017）87頁以下参照。

ことだけでは足りず、それが契約内容不適合な目的物の種類、品質に起因することを認識することを要すると解すべきです。

3　不法行為責任に基づく損害賠償請求権の権利行使期間

建築物に瑕疵がある場合、売主や請負人、あるいは契約関係にない建築施工者等に不法行為責任が追及されることも多いです。

改正前民法は、不法行為に基づく損害賠償請求権は、被害者またはその法定代理人が損害および加害者を知ってから3年間行使しないと時効によって消滅するとし（旧724条前段）、不法行為の時から20年を経過した時も同様（同条後段）と規定しています。このうち後段の20年期間につき、判例は除斥期間であるとし、時効のように当事者の援用は不要で、時の経過により法律上当然に権利が消滅するので、時効のようにその援用の信義則違反や権利濫用による制限もないと解してきました（最判平成元・12・21民集43巻12号2209頁）。しかし、このような除斥期間説に対しては、明治民法典起草者の意思にも反し、また個別事案の妥当な解決を阻害する硬直的な解釈だとして、学説からは強い批判が寄せられてきました[50]。最高裁判所自身も除斥期間には適用されないはずの時効の停止事由の「法意に照らして」、当該事案の除斥期間の効果を制限するなど[51]、実質的な判例変更と解されるような事態に至り、最高

49　東京地判平成24・6・8判時2169号26頁は、新築住宅の売買契約で引渡しから6年後に瑕疵担保責任を追及した事案です。原告が最初に建物の傾斜に気づいて被告会社代表者に話したところ許容範囲内であるといわれ調査をしなかったのですが、その後、原告らが本件建物の傾斜を常に感じるようになり建築士に調査を依頼して傾斜の程度、方向等を具体的に知った時が瑕疵を知った時であるとして、1年の除斥期間の経過を否定しました。

50　除斥期間説に対する批判は、松本（2002）387頁以下、同（2012）53頁以下、同（2013a）513頁〜527頁等に譲ります。

裁判所裁判官をして「平成元年判決は変更されるべき[52]」と明言される状況に至っていました。改正民法は、このような事態に鑑み、20年期間をあらためて時効であると明示したわけです。このことによって、不法行為の時から20年以上経ての提訴であっても、個別事案の事情を総合考慮して、時効の援用が信義則違反ないし権利濫用として許されないという判断ができることが明確になりました。特に、東日本大震災を契機に多数提訴された地盤の瑕疵をめぐる訴訟においては、請負人が、不法行為の時とは瑕疵ある地盤を引き渡した時であり、それから20年以上経過しているので、損害賠償請求権は除斥期間により消滅したと主張する例があります[53]。このような場合、仮に20年期間の経過が認められるとしても、たとえば、請負人が故意の手抜き工事により地盤の瑕疵を作出し、そのことを知りながらその事実を隠蔽したような場合には、20年の長期時効の援用は信義則違反ないし権利濫用として許されないということになりましょう[54]。

4　人の生命または身体を侵害する場合の損害賠償請求権の時効規定の特則

Q15　購入したり、注文した建物の契約内容不適合によりシックハウスのような健康被害や、建物の倒壊により死傷したような人身損害

51　民法158条の法意に照らして20年の除斥期間の効果を制限したものとして、最判平成10・6・12民集52巻4号1087頁、民法162条の法意に照らして効果制限をしたものとして、最判平成21・4・28民集63巻4号853頁。
52　前掲（注51）・最判平成21・4・28における田原睦夫裁判官の意見。
53　建築瑕疵訴訟における20年期間の起算点論については、松本（2013b）3834頁〜3862頁を参照してください。

が生じた場合の権利行使期間はどうなりますか。

　改正民法は、人の生命または身体の侵害による損害賠償請求権の消滅時効については、長期の時効期間を10年から20年に伸長し（167条）、また、人の生命または身体を害する不法行為による損害賠償請求権の短期消滅時効を3年から5年に伸長しました（724条の2）。建築瑕疵との関係では、瑕疵によりシックハウス症候群に罹患し、健康侵害を被った場合や、瑕疵により建物が倒壊し負傷、死亡したような場合が想定されます。

　これらの人の生命または身体を侵害する債務不履行や不法行為によって、建物の修補費用や家具などについての財産的被害も発生した場合の消滅時効期間はどうなるのでしょうか。そもそも人の生命または身体の侵害に関する損害賠償請求権につき時効期間を伸長する特別規定を創設したのは、被侵害利益の重大性とともに、このような場合には、権利者が権利行使をすることが一般に困難になるからという理由からです。[55]だとすれば、生命または身体侵害の人損自体についての損害賠償請求であろうが、それに付随して発生した物損についての損害賠償請求であろうが、権利者が権利行使困難な事態に

54　改正民法の附則では、改正民法施行前に20年期間が経過していた場合の期間の制限については、なお従前の例によるとしています（附則35条1項）。しかし、20年期間を除斥期間とした判例の解釈は、立法者意思に明確に反し、実質的にも不合理な解釈であって、そもそも判例変更されるべき見解だったのです。したがって、改正民法施行前であっても最高裁判所は機会があれば判例変更すべきであり、判例変更がなくとも、本来あるべき解釈としての時効であることを基準に「従前の例」を解釈すべきです。この点については、松本（2015）41頁〜45頁を参照してください。同旨の見解として、表紙に「京都大学教授潮見佳男氏推薦！」と書かれた大阪弁護士会民法改正問題特別委員会編（2017）は、改正民法の「施行日までに現行民法724条後段の期間が経過したケースにおいても、その改正の趣旨を汲んで、消滅時効を定めたものと解釈をすることにより、時効援用に対して信義則違反や権利濫用の抗弁を認めることなどにより事案を適切に解決することは排除されていないと考えられます」としています（50頁）。

陥っていることは同じなのですから、両者あわせて、伸長された時効期間（債務不履行責任に基づく損害賠償請求権の上限は20年、不法行為責任に基づく短期消滅時効は5年）が適用されると解すべきでしょう。[56]

5　時効の完成猶予と更新

> Q16　時効の進行を止めるためにはどうしたらよいですか。この点で
> 改正前と改正後で違いがありますか。また、権利者が特に何かをし
> なくても、時効が完成しないような場合もあるのでしょうか。

(1)　改正前民法における時効の「中断」と「停止」

　改正前民法には時効の「中断」と「停止」という制度がありました。前者は権利者の一定の権利行使により時効の進行を中断させる制度です。たとえば、債権者が債務者に債務の履行を請求することを「催告」といいますが、これによって時効の進行は中断します（旧153条）。ただ、催告をしただけでは催告から6カ月が経つと時効は完成してしまいます。催告をして6カ月以内に裁判上の請求、支払督促の申立て、民事調停法などに基づく調停の申立てなどをしないと時効中断の効力は確定的には生じません（旧153条）。

　また日常用語の感覚からいうと、「中断」というからには、それまでの時効

55　生命・身体侵害に対する損害賠償請求権の時効期間の伸長をめぐる法制審議会民法（債権関係）部会での審議においては、伸長の理由として、「法益の要保護性が高いことや債権者(被害者)に時効の進行を阻止するための行動を求めることが期待しにくい」ことがあげられていました（同部会第31回部会資料31・13頁）。潮見ほか編著(2021)91頁〔松本克美〕。

56　松本（2023a）参照。

の進行がストップして、中断事由がなくなると残りの時効期間が進行するようにも思えてしまいますが、実はそうではありません。時効が中断するとそれまでの時効の進行がリセットされて、あらためて一から時効が進行します（旧157条1項）。また、債務者が債務を承認した場合も時効は中断します（旧147条3号）。

　他方で、改正前民法は時効の「停止」という制度も規定していました。たとえば、改正前民法は、時効の期間の満了にあたり、天災その他の避けることのできない事変のため時効を中断することができないときは、その障害が消滅した時から2週間を経過するまでの間は、時効は、完成しないと規定していました（旧161条）。その他、改正前民法は未成年者または成年被後見人と時効の停止（旧158条）、夫婦間の権利の時効の停止（旧159条）、相続財産に関する時効の停止（旧160条）の3つの停止事由を定めていました。

(2)　改正民法における時効の「完成猶予」、「更新」概念の導入

　改正民法は、時効の「中断」「停止」の概念に変えて「完成猶予」という概念を導入しました。「中断」にしろ「停止」にしろ、その効果は時効が完成しないことに変わりはないからです。また、「中断」の効果は先に述べたように、それまでの時効の進行をリセットさせる点にあります。そこでこのことをよりわかりやすく表現するように、時効の完成猶予事由が消滅すると、あらためて時効が「更新」すると言う表現に改めました（147条以下の見出し）。

(3)　協議による時効の完成猶予

　今までにない制度として重要なのが協議による時効の完成猶予です（151条）。

　権利についての協議を行う旨の合意が書面でなされたときは、次に掲げる時のいずれか早い時までの間は、時効は、完成しません（151条1項）。

① 　その合意があった時から1年を経過した時

② 　その合意において当事者が協議を行う期間（1年に満たないものに限る）
を定めたときは、その期間を経過した時

③ 　当事者の一方から相手方に対して協議の続行を拒絶する旨の通知が書
面でされたときは、その通知の時から6カ月を経過した時

時効の完成が猶予されている間に再度の協議を行う旨の合意が書面でなさ
れると、上述の完成猶予の効力が再度生じますが、ただし、その効力は、時
効の完成が猶予されなかったとすれば時効が完成すべき時から通じて5年を
超えることができません（151条2項）。

また、催告によって時効の完成が猶予されている間に書面により協議を行
う合意がなされても、協議による時効の完成猶予の効果は生じません（151
条3項）。催告しただけでは6カ月以内に裁判上の請求などをしないと完成
猶予の効力が生じないというルールを優先させて、催告から6カ月以内に裁
判上の請求や支払督促、調停申立てなどの時効の完成猶予手段（147条1項）
を利用させることを目的としているのです。

そもそも協議による時効の完成猶予制度の導入は、当事者が話し合いをし
ている途中で時効が完成してしまうと、話し合いによる解決が限定されてし
まうという話し合いによる解決の促進にありました。しかし、改正民法によ
り導入された協議による時効の完成猶予制度は、書面による合意が必要であ
るとか、再度の合意をしないと1年しか時効の完成の猶予がないなど、非常
に限定的な効果しかありません。

これに対して、ドイツ民法は、書面を要求することなく、当事者の交渉中
は時効は進行しないという時効の進行停止事由としての交渉を認めていま
す。しかも、上限はありません。改正民法により日本で導入された協議によ

る時効完成制度は、書面の要求や時間的効果を限定することによって法的安定性を重視したとはいえますが、権利者にとってはあまり使い勝手のよくない制度にとどまっています。将来は、再度改正が望まれます。[57]

57　松本（2019a）を参照してください。

Ⅵ　不動産賃貸借契約と契約内容不適合責任

Q17　賃貸借契約で借りたマンションに契約内容不適合があった場合
に、賃貸人にどのような責任を追及できるのでしょうか。

1　改正前民法

　賃貸借契約の目的物である建物に瑕疵があったような場合、改正前民法で
は559条により、賃貸借契約の性質が許さない場合を除き、売買契約に関す
る民法の規定が準用されるものとされていましたので、売主の瑕疵担保責任
の規定が賃貸人の瑕疵担保責任の規定にも準用されました。

　したがって、賃借していた建物の瑕疵で賃借人に損害が発生した場合には
損害賠償請求権が発生し、また、その瑕疵があることにより当該賃貸借契約
を締結した目的が達成不能である場合には、賃貸借契約の解除も認められま
す（559条、570条、566条）。

2　改正民法

　改正民法においても売買の規定はその性質が許す限り、売買以外の有償契
約に準用するという559条はそのまま維持されています。したがって、賃借
した建物に契約内容不適合があった場合には、売主に追完請求（修補請求、
賃料減額請求）や損害賠償（564条、415条）や解除（564条、541条、542条）がで
きます。

　ところで、賃貸借契約においては、賃貸人は、賃貸物の使用および収益に
必要な修繕をする義務を負っています（606条 1 項本文）。この場合の賃貸人
の修繕義務は賃貸借契約成立後に修繕を要する不具合が生じた場合の義務で
あるのに対して、契約内容不適合責任としての修補義務は賃貸目的物が引き
渡された時点ですでに生じていた不具合の修繕である点で区別されることに
なるでしょう。

第3章

契約内容不適合責任に付随する問題・他制度との関係

I　契約内容不適合と同時履行の抗弁権

Q18　購入した、あるいは注文した建物に契約内容不適合があった場合でも、売主や請負人から代金を請求されたら、払わないといけないのでしょうか。

1　改正前民法の瑕疵担保責任と同時履行の抗弁権

(1)　売買契約の場合

　旧533条は、「双務契約の当事者の一方は、相手方がその債務の履行を提供するまでは、自己の債務の履行を拒むことができる」と規定しています。いわゆる同時履行の抗弁権の規定です。たとえば、民法573条は、売買の目的物の引渡しについて期限があるときは、代金の支払いについても同一の期限を付したものと推定するという規定をおいていますが、これは目的物の引渡しと代金支払いの間に同時履行の抗弁権を認めた規定と解されています。

　改正前民法は、「売主の担保責任と同時履行」の表題のもと、533条の規定は担保責任にも「準用する」旨を定めていました（旧571条）。その結果、担保責任に基づき売買契約が解除された場合に、その原状回復義務として買主が負う引き渡された目的物の返還義務と売主が負う代金返還義務は同時履行の関係に立ち、買主は売主が代金を返還するまで目的物を返還しないと主張できることになります。これらの債務は売主の目的物の引渡義務や買主の代金支払義務のように、双務契約上の債務そのものではないため、533条が直接

適用される関係に立ちませんが、それと密接に関連する債務なので、公平の観点から533条の「準用」が認められたものであると説明されています。そのため、買主から売主への損害賠償請求だけの場合は、返還義務がお互いに生じないので、533条は準用されないと解されてきました。[59]

(2) 請負契約の場合

旧634条2項は、「注文者は、瑕疵の修補に代えて、又はその修補とともに、損害賠償の請求をすることができる。この場合においては、第533条の規定を準用する」と規定していました。瑕疵修補債務は請負人が契約上負っている本来の債務である仕事完成義務と同様の性質を有するので、請負人の瑕疵修補債務と注文者の報酬支払債務は同時履行の関係に立ち、旧533条が適用されると解されています。債務不履行に基づく損害賠償債務は本来の債務と同一性を有するから旧533条が適用されるが、請負人の担保責任としての損害賠償債務は、請負人の債務不履行がない場合にも生ずるのであるから、特に規定を設けて旧533条を準用したのだと説明されています。[60]

2 改正民法における契約内容不適合と同時履行の抗弁権

(1) 売買契約目的物の契約内容不適合責任と同時履行の抗弁権

前述したように（第2章I2）、改正民法は契約内容不適合責任に基づく損害賠償と解除について、債務不履行一般の規定に基づく損害賠償請求および解除権の行使を妨げないと規定しました（564条）。

解除によって生じた契約当事者双方の原状回復義務に同時履行の抗弁権の

58　我妻（1957）297頁。
59　我妻（1957）298頁。
60　我妻（1962）638頁。

規定が準用されることは、改正前民法と同様です（536条）。損害賠償義務については、533条が「債務の履行に代わる損害賠償の債務の履行」についても同時履行の抗弁権の規定が適用されることを明文化しました。その趣旨は、従来も、債務の履行に代わる損害賠償債務は本来の債務と同一性を有するので533条が適用されると解されていたのを明文化したものであると説明されています。[61]改正民法は改正前の瑕疵担保責任と異なり契約内容不適合責任を債務不履行責任としたので、従来、担保責任について同時履行の抗弁権の準用を規定していた旧571条は削除されました。[62]

　その結果、改正民法により売買契約の内容不適合の債務不履行によって生ずる売主の損害賠償債務と買主の代金債務は同時履行の抗弁の関係に立ち、買主は売主が損害賠償債務を履行しなければ代金債務の履行を拒絶できることになりました。

(2)　請負契約目的物の契約内容不適合責任と同時履行の抗弁権

　従来、請負人の瑕疵担保責任に基づく損害賠償債務と注文者の報酬債務には旧634条2項により旧533条が「準用」されていました。改正民法における請負人の契約内容不適合に基づく損害賠償債務は、債務不履行に基づく債務の履行に代わる損害賠償債務として、533条が直接適用されることになるので、旧634条2項は不要になり削除されました。

　ところで、前述のように（第2章Ⅲ4）、請負契約の目的物に契約内容不適合があるときに、修補請求をしないで修補費用相当額の損害賠償を415条1項に基づき請求できると解した場合、改正前民法では、634条2項により、このような損害賠償債務にも533条が準用され、注文者は請負人が損害賠償

61　筒井・村松編著（2018）226頁。
62　筒井・村松編著（2018）226頁。

債務を履行するまで報酬支払債務の履行を拒絶できました。ところが、533
条が規定する「債務の履行に代わる損害賠償の債務の履行」には、瑕疵修補
を請求してそれが不能な場合等の415条2項に基づく損害賠償しか含まれな
いとすると、改正前民法よりも注文者に不利益が生じてしまいます[63]。むしろ、
前述したように、「債務の履行に代わる損害賠償」には、415条1項により修
補費用相当額を損害として賠償請求する場合と、415条2項により修補請求
が履行不能等の場合の損害賠償の両者を含むと解すべきです。

63　この点を検討するものとして、道垣内・中井編著 (2019) 325頁〜 326頁参照。

Ⅱ　契約内容不適合の損害賠償債務と相殺

> Q19　購入ないし注文した建物に契約内容不適合があって損害賠償を
> 　　　請求したら、売主ないし請負人から代金を請求された場合に、損害
> 　　　賠償金と代金の相殺を主張することはできるでしょうか。

1　改正前民法における瑕疵担保責任と相殺

(1)　売買契約の瑕疵担保責任に基づく損害賠償請求権と相殺

　民法は、「二人が互いに同種の目的を有する債務を負担する場合において、双方の債務が弁済期にあるときは、各債務者は、その対当額について相殺によってその債務を免れることができる」ことを規定しています（505条1項）。

　買主が売主の瑕疵担保責任に基づき有する損害賠償債権と、売主が買主に対して有する代金債権はいずれも金銭債権ですから、双方の債務が弁済期にあれば対当額で相殺できることになります。そこで、売主が買主に代金支払いを請求してきた場合に、買主は瑕疵担保責任に基づく損害賠償請求権を有することをもって、売主からの代金請求権との相殺を援用できるわけです。相殺を援用する側の有する債権を自働債権、相殺される側の有する債権を受働債権といいます。

(2)　請負契約の瑕疵担保責任に基づく損害賠償請求権と相殺

　請負契約の瑕疵担保責任に基づいて注文者が有する損害賠償請求権を自働債権として、請負人がもつ報酬債権を受働債権として相殺を援用することは

できるでしょうか。この場合、問題となるのが、従来、大審院時代から判例が同時履行の抗弁権が付着した債権を自働債権とする相殺は、その性質上許されないと解してきた（大判昭和13・3・1民集17巻318頁）こととの関係です。そのような解釈がなされてきたのは、このような場合に相殺を認めると、相手が同時履行の関係にある債務を履行しないうちは、自己の債務を履行しなくてもよいという同時履行の関係が相殺の意思表示により無に期してしまうからです。

　前述したように（Ⅰ1⑴）、瑕疵担保責任に基づく損害賠償債務と代金債務は旧571条による旧533条の準用の対象に含まれず、両者は同時履行の抗弁権が成立する関係ではないと解せば、この問題は相殺援用の障害にはなりません。他方で、瑕疵担保責任に基づく損害賠償債務については、前述したように（Ⅰ1⑵）、旧634条2項が瑕疵修補に代わる、あるいは瑕疵修補とともにする損害賠償債務と報酬債務に旧533条を準用しているため、この点が問題になったわけです。

　ところが最高裁判所は、結局、このような相殺を認めるに至りました（最判昭和53・9・21集民125号85頁）。その理由は、注文者が請負人に対して取得する瑕疵修補に代わる損害賠償請求権は、「実質的・経済的には、請負代金を減額し、請負契約の当事者が相互に負う義務につきその間に等価関係をもたらす機能を有する」ものであって、「相互に現実の履行をさせなければならない特別の利益があるものとは認められず、両債権のあいだで相殺を認めても、相手方に対し抗弁権の喪失による不利益を与えることにはならない」、「むしろ、このような場合には、相殺により清算的調整を図ることが当事者双方の便宜と公平にかない、法律関係を簡明ならしめる」というものです。

(3) 相殺援用と遅延損害金

なお判例は、注文者が請負人に対して有する瑕疵担保責任に基づく損害賠償請求権を自働債権とし、請負人が注文者に対して有する報酬債権を受働債権として相殺を援用した結果、注文者は相殺の結果の報酬債務の残債務が履行遅滞になる時期を、相殺の遡及効による相殺適状の時期ではなく、相殺の意思表示の日の翌日としました（最判平成9・7・15民集51巻6号2581頁）。なぜなら、両債権は元々同時履行の関係にあり、相手が債務を履行しない限り、自己の債務も履行遅滞にならなかったのであるから、それが相殺の援用により相殺適状の過去に遡って遅延損害金が付くのは不合理だからです。

2　改正民法の契約内容不適合責任と相殺

(1) 買主、注文者からの相殺の可否

前述したように（Ⅰ2(1)）、改正民法における契約内容不適合を理由とする損害賠償債務は、債務不履行責任に基づく債務の履行に代わる損害賠償債務として、代金債務、報酬債務と同時履行の抗弁権の関係に立つことになりました（533条）。しかし、前掲・最判昭和53・9・21が指摘するように、この場合には同時履行の抗弁権が付着する債権が自働債権であるとしても、「相殺により清算的調整を図ることが当事者双方の便宜と公平にかない、法律関係を簡明ならしめる」のですから、相殺を認めるべきでしょう。また相殺の結果、残存した代金債務、報酬債務の遅延損害金の起算日も、従来の判例どおり、相殺の意思表示の日の翌日と解すべきです。

(2) 売主、請負人からの相殺の可否

買主、注文者が有する契約内容不適合責任に基づく損害賠償債権の額よりも、売主、請負人の有する代金債権、報酬債権の額のほうが大きい場合には、

売主、請負人からの相殺の意思表示により、その翌日から買主、注文者が残代金債務、残報酬債務について履行遅滞に陥り遅延損害金を支払わなければならなくなります。判例は、このような結論を是認しました（最判令和2・9・11民集74巻6号1693頁）。しかし、本来、この場合の同時履行の抗弁権は、売主、請負人に損害賠償債務の履行を間接的に促進させるための片務的なものととらえて、買主や注文者に遅延損害金を発生させるような売主、請負人からの相殺は、「債務の性質がこれを許さないとき」（505条1項ただし書）として、制限すべきではないでしょうか[64]。

---

[64]　改正前民法の瑕疵担保責任に基づく損害賠償債権についての私見として、松本（2011a）293頁以下参照。

Ⅲ　居住利益の控除の是非

Q20　購入ないし注文した建物に重大な契約内容不適合があり、建替え費用相当額の損害賠償請求を売主ないし請負人にしたところ、新しい建物が手に入るのだから、これまで住んでいた居住利益は賠償額から控除すべきだと相手方が主張してきました。そのような主張は認められるのでしょうか。

1　建替え費用相当額の損害賠償請求の場合

　売買契約ないし建築請負契約において、目的物である建物に重大な瑕疵があり、建替え費用相当額の損害賠償請求が認められた場合に、それまで引渡し時から当該建物に居住して家賃相当分の使用利益を得ていたのであるから、建替え費用相当額の損害から、その居住利益を控除すべきであるとか、居住して時の経った建物に居住していたのに新築の建物が手に入るのだから建物の耐用年数が伸長した利益を賠償額から控除すべきであるとの主張が売主、請負人からなされることがあります。

　このような主張がなされた改正前民法が適用された事案で、最高裁判所は次のように判示して当該事案における居住利益の控除等を否定しました（最判平成22・6・17民集64巻4号1197頁）。「売買の目的物である新築建物に重大な瑕疵がありこれを建て替えざるを得ない場合において、当該瑕疵が構造耐力上の安全性にかかわるものであるため建物が倒壊する具体的なおそれがあ

るなど、社会通念上、建物自体が社会経済的な価値を有しないと評価すべき
ものであるときには、上記建物の買主がこれに居住していたという利益につ
いては、当該買主からの工事施工者等に対する建て替え費用相当額の損害賠
償請求において損益相殺ないし損益相殺的な調整の対象として損害額から控
除することはできないと解するのが相当である」。

　本件建物には、「構造耐力上の安全性にかかわる重大な瑕疵があるという
のであるから、これが倒壊する具体的なおそれがあるというべきであって、
社会通念上、本件建物は社会経済的な価値を有しないと評価すべきものであ
ることは明らかである。そうすると、被上告人らがこれまで本件建物に居住
していたという利益については、損益相殺ないし損益相殺的な調整の対象と
して損害額から控除することはできない」。

　本判決が結論として居住利益の控除を否定した点については支持できま
す。ただ、本件が居住利益控除を否定する理由として、「構造耐力上の安全
性にかかわるものであるため建物が倒壊する具体的なおそれがあるなど、社
会通念上、建物自体が社会経済的な価値を有しないと評価すべきもの」とい
う理由は、そのような理由があれば居住利益を否定する十分な理由があると
する十分条件を示したにすぎず、それ以外の場合には居住利益を控除してよ
いとまでいっているわけでないことに注意を要します。

　そもそも買主や注文者が当該建物に居住していることが利益であるといっ
ても、自分の所有物である建物を自由に使用収益できるのは当然であり（206
条）、何ら不当な利得ではありません。もし居住利益を理由にこれを建替え
費用相当額の損害賠償金から控除できるとしたら、結局は、建替え費用の一
部を買主や注文者が負担することを意味します。建て替えざるを得ないよう
な重大な瑕疵（契約内容不適合）のある建物を引き渡されたうえに、なぜ、そ

のような負担を買主や注文者が負わねばならないのでしょうか。全くの不公平です。建て替えざるを得ないような重大な契約内容不適合のある建物への居住は、利益どころが不利益と評価して、賠償額からの控除ではなく、むしろ慰謝料を増額させる要素ととらえるべきでしょう[65]。

2　契約内容不適合による全部解除の場合の居住利益の控除

　契約内容不適合により全部解除が認められる場合の居住利益の控除も建替え費用相当額の損害賠償の場合と同様に考えて、解除により売主や請負人から返還されるべき売買代金や請負代金から居住利益の控除を認めるべきではありません。

　確かに、判例は、解除の場合に返還代金から目的物の使用利益を控除することを認めていますが（最判昭和51・2・13民集30巻1号1頁——中古自動車の売買契約の解除の事例）、それは目的物に瑕疵、契約内容不適合がない場合に限定されるべきです。なぜなら、全部解除が認められるような目的物を引き渡されて、それを利用していたとしても、そこに使用利益があるとは評価できないからです。また、そもそも解除されるまでは自己の所有物であったのであり、解除の遡及効によって初めから売主のもの、請負人の物であったとしても、解除されるまでは、善意の占有者として果実を取得できるのですから（189条1項）、居住することが利益にあたる場合にも、それを控除すること自体を否定すべきではないでしょうか。

65　この問題については、松本（2003）、同（2011c）参照。

Ⅳ　危険負担と改正民法

Q21　購入ないし注文した建物の引渡しを受ける前に、地震で建物が
　　　倒壊したり、損傷してしまった場合に、売主や請負人に何か請求で
　　　きますか。また代金はどうなりますか。

1　はじめに

　危険負担とは、双務契約上の一方の債務が債務者に帰責事由なくして履行
不能になった場合に生ずる問題です。この場合、履行不能となった債務は不
能なので、履行されなくなります。このようなリスクを給付危険といいます。
これに対して、その履行不能となった債務の対価にあたる債務がそのまま存
続するのか、消滅するのかという問題が生じます。これを対価危険といいま
す。前者のように履行不能となった債務の対価にあたる債務が存続する場合
を（対価）危険負担の債権者主義といい、後者のように対価となる債務が消
滅する場合は債務者主義といいます。

2　改正前民法における危険負担

(1)　不動産売買契約における危険負担

(A)　はじめに

　改正前民法は特定物に関する物権の設定または移転を双務契約の目的とし
た場合、すなわち特定物の売買契約などの目的物が債務者の責めに帰するこ

とができない事由によって滅失し、または損傷したときは、その滅失または損傷は、債権者の負担に帰すると規定していました（534条1項。危険負担の債権者主義）。ここで債権者とは、履行不能となった債務、すなわち目的物の引渡債務の債権者のことであるから買主のことです。買主は、売買目的物の引渡し前に売主に帰責事由がなくて目的物が滅失または損傷した場合でも、引渡債務の対価である代金債務は存続するという対価危険を負担しなければなりません。つまり、買主は目的物が滅失・損傷したにもかかわらず売買代金を支払わなければならないのです。

　(B)　危険負担の債権者主義の根拠

　なぜこのような不利益を買主に負わせる危険負担の債権者主義を民法が規定していたのでしょうか。その説明としては、危険はその目的物の所有者が負担するからだということがあげられてきました。売買契約が成立する前は、目的物の所有者は原則として売主であり、たとえば落雷で売主が所有する建物が滅失・損傷しても、この建物に損害保険がかけられている場合は別として、所有者は誰にもその損失の補償を請求できません。ところで、売買契約は目的物の財産権を売主が買主に移転することを約し、買主が代金を支払うことを約束する意思を表示することによって成立します（555条）。また、日本民法は所有権の移転は意思表示のみで行われるという意思主義をとっています（176条）。したがって、売主は売買契約成立に目的物の所有権を買主に移転する意思を表示するのですから、その時に売買目的物の所有権は買主に移転するというわけです。つまり、特定物の売買契約が成立した時点で、目的物の所有権は売主から買主に移転するのであるから、目的物が引き渡される前でもその所有権は買主に帰属します。だから、売買契約成立以降は買主が危険を負担すべきというわけです。

(C)　債権者主義と異なる特約

このような危険負担の債権者主義が買主にとって不利益であることはいうまでもありません。もっとも、この規定は任意規定と解されているので、これと異なる特約があれば、その特約は原則として有効となり、危険負担の処理もその特約に従うことになります。通常の不動産売買契約では、危険負担は目的物の引渡しとともに買主に移転するとされていることが多いといわれています。つまり、目的物の引渡し前には危険を売主が負担するので、目的物が滅失・損傷した場合は、売買代金債務は消滅することになります。

(D)　引渡し時に危険が移転するとする説

また学説上は、このような特約がなくても、売買契約において危険が売主から買主に移転するのは引渡しの時であると解する説が有力です。[66] この学説は、危険負担の根拠を所有権に求めずに、実質的な目的物の支配に求めます。目的物を実質的に支配している場合は、その支配している目的物が誰に帰責事由がなく滅失・損傷した場合に、誰にもその責任を問えないから危険を負担しなければならないと考えます。特定物の売買契約の場合の目的物の実質的支配は、目的物の引渡しによって売主から買主に移転するのですから、危険負担の危険も引渡し前は売主が負担すべきと考えます。

(E)　受領遅滞の場合の危険負担

もっとも、特約で引渡し時を危険移転の時期と定めた場合や、特約がなくても危険は引渡し時に移転すると解す引渡し時説も、債権者（買主）の受領遅滞がある場合には、引渡し前でも危険は買主に移転することを認めてきました。受領遅滞とは、債務者が債務の履行の提供をしたのに、債権者が債務

66　内田貴は、この解釈は「その妥当性のゆえに支持が多い」とします（内田（2011）67頁）。

の履行を受けることを拒絶したり、受領できない場合をいいます（旧413条）。
引渡しとは、支配の移転をいいますから、建物の場合は建物の鍵の引渡しが
目的物の引渡しにあたります。契約で決められた日に売主が建物の鍵を買主
に渡す準備をして、あらかじめこれから鍵を渡しに行くと伝えたが、買主が
その受領を拒否したとか、売主が約束の日に買主のもとに鍵を届けに行った
ら留守であったとか、そういう場合には買主の受領遅滞がありますので、こ
のような弁済の提供があった以降は、特約があったとしても、また危険負担
の引渡し時説をとったとしても公平の観点から、危険は買主が負担すると解
されてきました。

(2)　建築請負契約における危険負担

　請負契約は仕事の完成を目的とする契約です（632条）。請負契約は、目的
物の引渡しを伴うことがあります。しかし、ここでの引渡債務は請負契約の
本来的給付義務（仕事完成義務）に付随する債務であるにとどまります。危険
負担の債権者主義が適用されるような特定物の所有権を移転することを契約
の「目的」にしているわけではありません。そこで、請負契約においては、
目的物の完成前に目的物が滅失・損傷した場合には、危険負担の債権者主義
ではなくて、危険負担の債務者主義（旧536条1項）が適用されます。危険負
担の債務者主義とは履行不能となった債務の対価にあたる債務も消滅すると
いうものです。

　たとえば、建築請負契約で目的物の完成前に地震で途中まで完成していた
建物が崩壊してしまったとしましょう。債務者に帰責事由がない目的物の滅
失なので、危険負担の債務者主義が適用され、履行不能となった仕事完成義
務の対価である報酬債務も消滅するというわけです。仕事完成義務が履行不
能となったので、報酬債務が消滅するのですから、前払いしていた報酬債務

については、法律上の原因のない利得として、不当利得となります。すなわち、この場合、注文者は既払いの報酬の返還を不当利得返還請求権（703条）を行使して求めることができるのです。

　もっとも、建築途上の建物の滅失や損傷があっても、履行期までにあらためて建築を完成させれば、仕事完成義務を尽くしたことになりますから、その場合、請負人は、報酬債務の履行を請求できることはいうまでもありません。本来の履行期までの完成が無理である場合に、注文者との合意により履行期を先延ばしして、建築を完成させた場合も同様です。ただ、これらの場合でも滅失・損傷してしまった建物の建築に投下していた請負人の費用コストは回収されないのですから、その分の負担を請負人は負うことになります。そのようなリスクを避けるためには、保険をかけておくしかありません。

3　改正民法における危険負担

(1)　解除の要件から帰責事由を排除

　危険負担は前述のとおり（2(1)(A)）、債務者に帰責事由がなくて履行不能となった債務の対価債務が存続するか、消滅するのかを定める制度です。債務者に帰責事由があって履行不能となったのであれば、前述したように、債務不履行責任が債務者に成立するのですから、債権者は契約を解除して自らの債務を消滅させることができます。

　改正民法はこの債務不履行による解除の要件から、改正前民法では必要とされた債務者の帰責事由を不要としました。すなわち、改正民法によると、履行不能につき債務者に帰責事由があろうとなかろうと債権者は履行不能を理由に契約を解除できるのです（542条）。

　だとすると、改正前民法において危険負担で規定されていた履行不能の場

合の対価危険の問題は、契約解除による対価債務の消滅という形で処理可能であり、これと別に危険負担の規定をおく実質的な意味がなくなります。

(2)　改正民法における危険負担の規定

そこで、改正民法は特定物売買契約における危険負担の債権者主義を定めていた534条、およびそれと連動した停止条件付双務契約における危険負担の規定を削除しました。他方で、危険負担の債務者主義を定めていた536条については、条文の文言を次のように一部改正して存続させました。

旧536条１項は、「前２条に規定する場合を除き、当事者双方の責めに帰することができない事由によって債務を履行することができなくなったときは、債務者は、反対給付を受ける権利を有しない」と規定していました。

改正民法は、前述したように、旧534条、旧535条を削除したことに伴い、まず冒頭の「前２条に規定する場合を除き」という文言を削除しました。さらに改正前民法が「債務者は、反対給付を受ける権利を有しない」としていたのを、「債権者は、反対給付の履行を拒むことができる」という履行拒絶権を規定する形に改めました。

以上の結果、特定物の売買契約であろうが、請負契約であろうが、債権者は当事者双方に帰責事由のない履行不能の場合、その履行不能となった債務の反対債務について相手方から履行を求められても履行を拒絶できることになりました。もっとも、履行不能に対しては、債務者の帰責事由がなくても契約を解除できます。契約を解除すれば、履行不能となった債務の反対債務も消滅しますから、解除後は履行拒絶権は意味をもちません。だとしたら、このような履行拒絶権としての危険負担制度を定めることにどれだけの意味があるのかという疑問も生じます。もっとも、履行不能の場合は債務者の帰責事由は問うことなく解除できるといっても、直ちに解除をするかどうか即

断できない場合や、相手方の所在が不明で解除の意思表示が到達しないおそ
れがある場合も考えられます。そこで、改正趣旨としては、このような履行
拒絶権があれば、自らが反対債務の履行につき履行遅滞に陥らずに済むので、
このような規定をおいたと説明されています。[67]

(3)　目的物に契約内容不適合があった場合の危険負担

(A)　567条

改正民法はさらに、目的物に契約内容不適合があった場合の危険負担につ
いて次のような特則をおいています。

（目的物の滅失等についての危険の移転）

第567条　売主が買主に目的物（売買の目的として特定したものに限る。以
　下この条において同じ。）を引き渡した場合において、その引渡しがあっ
　た時以後にその目的物が当事者双方の責めに帰することができない事
　由によって滅失し、又は損傷したときは、買主は、その滅失又は損傷
　を理由として、履行の追完の請求、代金の減額の請求、損害賠償の請
　求及び契約の解除をすることができない。この場合において、買主は、
　代金の支払を拒むことができない。

2　売主が契約の内容に適合する目的物をもって、その引渡しの債務の
　履行を提供したにもかかわらず、買主がその履行を受けることを拒み、
　又は受けることができない場合において、その履行の提供があった時
　以後に当事者双方の責めに帰することができない事由によってその目
　的物が滅失し、又は損傷したときも、前項と同様とする。

67　筒井・村松編著（2018）228頁。

　　　(B)　原因競合の場合

　たとえば、購入した、あるいは注文建築で完成後引き渡された建物が震度
7の地震で倒壊したとしましょう。倒壊の原因が当該建物に重大な構造上の
契約内容不適合があったためで、そのような契約内容不適合がなければ、建
物に損傷はあっても倒壊はしなかったという場合は、「当事者双方の責めに
帰することができない事由によって滅失」したのではないのですから、契約
内容不適合責任を追及して修補請求（再築請求）や代金減額請求、損害賠償
や契約解除ができると解すべきでしょう。元々契約内容不適合を理由とした
損害賠償請求では、債務者に帰責事由がなければ免責されますが、その際の
帰責事由判断の基準である「契約その他の債務の発生原因及び取引上の社会
通念に照らして債務者の責めに帰することができない事由」（415条1項ただ
し書）は、567条の帰責事由判断においても同様に基準となると解すべきで
しょう。

　なお、契約内容不適合の場合の追完請求権や代金減額請求権、契約解除は
債務者に帰責事由があることを要件としていません。したがって、567条は、
その例外として、目的物の引渡し後の目的物の滅失・損傷について、債務者
に帰責事由がないときはこれらの請求や解除ができないことを定めるもので
す。

V 契約内容不適合と錯誤

Q22 マンションを購入して11年が経ってから耐震強度偽装があった
　　 ことがわかりました。耐震強度偽装があることを知っていたら、こ
　　 んなマンションは買わなかったのですが、どうしたらよいでしょう
　　 か。売主は、すでに引渡しから10年以上経っているから、買主に
　　 は何の権利もないと言っています。

1　改正前民法の瑕疵担保責任と錯誤

(1)　概　要

　購入した建物に重大な隠れた瑕疵があった場合に、瑕疵担保責任の成立と
ともに、錯誤無効の主張が考えられます。錯誤とは、思い違いにより意思表
示をした場合に、その法律行為の無効を主張できる制度です。改正前民法は、
「意思表示は、法律行為の要素に錯誤があったときは、無効とする」と規定
していました（旧95条）。売買契約が無効になれば、売主が受領した売買代金
は法律上の原因のない利得となり、そのことにより損失を被った買主は売主
に「不当利得返還請求権」を行使して代金の返還を請求できます（703条）。
　「要素の錯誤」とは、ある法律行為（たとえば売買契約の締結）の重要部分に
ついての錯誤で、当該錯誤がなければ一般取引上は、そのような意思表示を
しないような錯誤のことです。錯誤は、「表示行為の錯誤」と「動機の錯誤」
に分けて論じられてきました。前者は、当該意思表示における内心の効果意

思と表示された効果意思が不一致の場合です。これには、売主が売買代金を100万円と書くべきところ、間違えて10万円と書いてしまったような「表示上の錯誤」（言い間違い、書き間違い）と、「表示行為の意味の錯誤」（本当の蟹の身が入っていると思って「カニカマ」を注文した）とが含まれます。

　「動機の錯誤」には、目的物の「性質上の錯誤」（動画も撮れると思ってデジタルカメラを購入したが静止画しか撮れないカメラだった）と「理由の錯誤」（交際している女性が婚約してくれると思って婚約指輪を買ったが誤解だった）が含まれます。動機の錯誤の場合には、そのカメラを買おうという内心的効果意思とそのカメラを買うという表示の間に不一致はない点が、表示行為の錯誤と違うところです。なぜそのような意思表示をしたのかという動機については、取引の相手方にはわかりません。そこで、判例は、意思表示の動機に錯誤があっても、その動機が相手方に表示されなかったときは、法律行為の要素に錯誤があったものとはいえないとして（最判昭和29・11・26民集8巻11号2087頁）、取引の安全に配慮してきたわけです。

　注意すべき第1の点は、この表示は、明示でなく黙示でも足りるとされている点です（最判平成元・9・14判時1336号93頁）。相手方からみて、当該意思表示はそのような動機があることにより表示されていることが認識可能な場合も含まれます。第2に、動機がいくら表示されていてもそれが法律行為の内容になっていなければ要素の錯誤とはいえません（最判昭和37・12・25集民63号953頁）。

　学説の展開は、動機の錯誤について、取引の相手方の信頼を重視して動機の表示に重点をおいて理解する立場（信頼主義）から、表示そのものよりもその動機が契約当事者双方の合意の内容になっていたのかを重視する立場（合意主義）に移行してきたとも解されています。判例も、空クレジットの債

務の保証人となったものからの錯誤無効の主張を、空クレジットであれば保証契約をしなかったという動機が表示されていないから要素の錯誤にあたらないとした原審を破棄し、動機の錯誤という言葉は一切使わずに、「保証契約は、特定の主債務を保証する契約であるから、主債務がいかなるものであるかは、保証契約の重要な内容である。そして、主債務が、商品を購入する者がその代金の立替払を依頼しその立替金を分割して支払う立替払契約上の債務である場合には、商品の売買契約の成立が立替払契約の前提となるから、商品売買契約の成否は、原則として、保証契約の重要な内容であると解するのが相当である」としています（最判平成14・7・11集民206号707頁）。

(2)　瑕疵担保責任と錯誤無効の関係

　目的物に隠れた瑕疵があり、瑕疵担保責任を追及できる場合に、同時に、錯誤無効の要件を満たす場合は、どちらも主張できるのでしょうか。判例は、契約の要素に錯誤がある場合には、瑕疵担保の規定は排除されるとしています（最判昭和33・6・14民集12巻9号1492頁）。なるほど売買契約の要素に錯誤があればその契約は無効なのですから（旧95条）、そのような無効を主張するのと同時に、売買契約が有効に成立することを前提にした売主の瑕疵担保責任を追及することは矛盾するでしょう。しかし、錯誤無効の主張を主位的主張とし、それが認められない場合に売主の瑕疵担保責任を追及するという予備的主張と構成すれば矛盾は生じません。また、錯誤無効が成立するかもしれない事案で、買主が瑕疵担保責任の追及しか主張しなければ弁論主義の建前からして、瑕疵担保責任の成否が判断されることになるでしょう[68]。

　これに対して、学説の中には、錯誤無効の主張には時間的制限がないのに対して、瑕疵担保責任の追及は買主が隠れた瑕疵を知ってから1年の権利行使期間が定められ取引の安全に配慮されていることから、瑕疵担保責任が成

立する場合は、錯誤無効の主張は認められないとする瑕疵担保責任優先説も有力に主張されていました。[69]

　複数の請求権が競合する場合に、どう解すべきかという請求権競合問題にもかかわりますが、私見は、権利の尊重と弁論主義の観点からは、それぞれの法律要件が満たされるならば、どのような法的構成のもとでの主張をするかは、原則として権利者の選択に委ねるべきと考えています。[70]

(3)　建築瑕疵と錯誤無効

　マンションを購入したところ、あとで、当該マンションに耐震強度偽装があったことが判明したため、買主がそのような耐震強度偽装があることを知っていたら当該マンションを購入しなかったとして、錯誤無効を主張し、売買代金の返還を請求した事件があります。消費者契約法でいうところの「消費者」(事業としてまたは事業のために契約の当事者となる場合を除く個人)が「事業者」(法人その他の団体および事業としてまたは事業のために契約の当事者となる場合における個人)との間で売買契約を締結したのであれば、このような場合に代金の返還を請求する法的構成として、最も簡便なのは、消費者契約法4条1項1号の不実告知による売買契約の取消しを主張することが考えられます。その要件は、当該売買契約の「重要事項について事実と異なることを

68　内田(2011)145頁〜146頁は、住宅の敷地用に購入した土地の8割が東京都都市計画街路の道路敷地内にあり、建物を建てても早晩取り壊さなければならないことが後から判明した土地の売買契約について瑕疵担保責任による解除が主張された最判昭和41・4・14民集20巻4号649頁の事案につき、要素の錯誤を主張することも考えられる事案であるのに、最高裁判所は買主の瑕疵担保責任による解除の主張をそのまま認めたことを紹介しています。

69　古谷(2020)は、追完請求優先の原則から錯誤取消しの規定に対する契約内容不適合責任の優先適用を主張する(48頁・50頁)。

70　松本(2022)393頁。私見同様、選択可能性説を支持する見解として、潮見(2021)201頁、中田(2021)305頁など。

告げること」で足ります。

　ここで「重要事項」とは、「物品、権利、役務その他の当該消費者契約の目的となるものの質、用途、その他の内容であって、消費者の当該消費者契約を締結するか否かについての判断に通常影響を及ぼすべきもの」のことをいいます（消費者契約法4条5項1号）。詐欺取消し（96条1項）のように、売主が事実と異なることを認識している必要もありません。たとえば、耐震性に優れた安全安心設計のマンションと宣伝して売買契約の締結を勧誘したのに、購入したマンションは耐震強度偽装があったことが後から判明すれば不実告知にあたり、買主は売買契約を取り消すことができます。ただ、後述する札幌の耐震強度偽装マンションの事案（札幌地判平成22・4・22判時2083号96頁）では、マンション購入者の中に、賃貸用に当該マンションを購入した買主がおり、消費者契約法上の「消費者」ではないので、消費者契約法が適用されないという事情があったようです。

　また、権利行使期間という点でいえば、消費者契約法上の不実告知による取消権は、追認をすることができる時、すなわち買主が売主の不実告知を知った時から1年です（同法7条1項）。民法上の瑕疵担保責任を追及して売買目的達成不能を理由に売買契約を解除する（旧570条、566条1項）ことも考えられますが、この場合の権利行使期間は、上述したように買主が隠れた瑕疵を知ってから1年です。錯誤無効の主張には、時間的制限がないので、これらの権利行使期間を過ぎても錯誤無効の主張は可能です。

　前述の耐震強度偽装マンションでは、買主の錯誤無効の主張が認められ、売買代金についての不当利得返還請求が認められました。なお、当該事案で売主は、本件における錯誤は動機の錯誤で、その表示が認められないから要素の錯誤にあたらないと主張しましたが、そのような主張は認められません

でした。前掲・札幌地判平成22・4・22は、「当事者双方が契約の大前提として了解している性状（本件では法令が要求する耐震強度の具備）に錯誤があった場合、予想外の錯誤の主張によって売主が困惑するという事態は発生しないものとみられるから、『当該性状があるから買い受ける』という動機の表示がされたがその性状がなかった場合と同視すべきである」と判示しています。

2　改正民法における錯誤規定

(1)　無効から取消しへの変更

　改正民法は、錯誤の効果を従来の「無効」から「取り消すことができる」に改めました。従来も、錯誤無効の規定は表意者を保護するための規定なので、錯誤による無効は原則として表意者のみが主張できるとするのが判例でした（最判昭和40・9・10民集19巻6号1512頁）。学説もそれを支持していました。したがって、錯誤無効の無効は取消し的無効であるとか、相対的無効などといわれてきました。2017年改正はこのような従来の解釈を、錯誤の効果を「無効」から「取り消すことができる」に変えることによって明文化したものと評価できましょう。

　無効の主張には民法上期間制限はありませんが、取消権については、追認できる時から5年、そうでなくても、行為の時から20年で消滅時効にかかります（126条）。したがって、改正民法によれば、表意者が錯誤に気がついた時から5年以内に取消権を行使しないと時効にかかってしまうので注意を要します。

(2)　取り消しうる錯誤の要件

　取り消すことのできる錯誤は、「意思表示に対応する意思を欠く錯誤」（95条1項1号。従来いわれていた表示上の錯誤）と「表意者が法律行為の基礎とし

た事情についてのその認識が真実に反する錯誤」（同項2号。従来いわれていた動機の錯誤）であって、「その錯誤が法律行為の目的及び取引上の社会通念に照らして重要」なものに限られます（同項柱書）。

　そして、後者の錯誤を理由とした取消しは、「その事情が法律行為の基礎とされていることが表示されていたときに限り、することができる」と規定されています（95条2項）。「表示されていたときに限り」という文言は改正前民法にはなかった文言です。ただ、ここでの「表示」は、動機の錯誤をめぐる従来の判例も認めていたように、黙示でも足りることが立法過程で確認されています。

(3)　表意者に重過失がある場合

　改正前民法では錯誤による意思表示が重過失によってなされた場合は、錯誤無効を主張できない旨が規定されていました（旧95条ただし書）。改正民法は表意者に重過失がある場合には、錯誤取消しを主張できないことを原則としつつ、例外として次の場合には、重過失ある表意者も錯誤取消しを主張できることを規定しています。すなわち、「相手方が表意者に錯誤があることを知り、又は重大な過失によって知らなかったとき」（95条3項1号）および「相手方が表意者と同一の錯誤に陥っていたとき」（同項2号。いわゆる「共通錯誤」）です。以前から、学説の中には、このような場合には、表意者に重過失があっても錯誤無効の主張を認めてよいのではないかという見解がありましたが[71]、そのような見解を条文に取り入れたものといえましょう。

(4)　錯誤取消しの効果と善意無過失の第三者の保護

　94条2項は虚偽表示の無効は第三者に主張できないとして、虚偽の外観

71　内田（2008）77頁。

を信頼して取引に入った第三者を保護する規定をおいています。また96条
3項は、詐欺取消しは善意無過失の第三者に対抗できない旨規定しています。
錯誤無効についてもこのような第三者保護の規定が必要ではないかと指摘す
る声もありました。2017年改正は、錯誤の効果を取消しに変えると同時に、
詐欺取消しと同じく善意無過失の第三者保護規定を設けました（95条4項）。

3　改正民法後の建築瑕疵と錯誤

(1)　錯誤の成立

　前述したように（第2章Ⅰ2）、改正民法後の建築瑕疵の問題は契約内容不
適合責任の問題となりますが、同時に売買契約の目的物たる建物にそのよう
な契約内容不適合があることを知っていたら、契約をしなかったような場合
には、同時に錯誤の要件を満たす場合も考えられます。前述したように（1
(3)）、改正前民法で実際に裁判で争われた耐震強度偽装マンションの売買契
約の事案がありますが、耐震強度偽装されたマンションと知らずに、改正民
法適用後に売買契約が締結され、そのことがのちに発覚したとすると、目的
物の性質上の錯誤の問題になり得ます。改正民法では、目的物の性質上の錯
誤は「表意者が法律行為の基礎とした事情についてのその認識が真実に反す
る錯誤」（95条1項2号）の問題となります。建物の構造上の安全性を損なう
耐震強度偽装などないと信頼していたのに、そこに錯誤があれば、「その錯
誤が法律行為の目的及び取引上の社会通念に照らして重要」であることはい
うまでもないでしょう。

　なお、95条2項は、表意者が錯誤に陥った「事情が法律行為の基礎とされ
ていることが表示されていた」ことを要件にしていますが、建物の構造上の
安全性を脅かす耐震強度偽装がないことは建物の売買契約の当然の前提と

なっているものと解すべきですから、黙示の表示があったと認定されるべき
です。およそ建築される建物には耐震強度偽装があってはならないのですか
ら、売買目的物たる建物が新築であろうと、中古であろうと原則として関係
がありません。

(2) 錯誤取消しのメリット

　売買契約の目的物に契約内容不適合がある場合に、錯誤取消しの主張をす
る固有のメリットとしては、契約内容不適合責任を追及するための権利行使
期間が過ぎているが、錯誤を理由とした取消権の権利行使期間は過ぎていな
いというような場合が考えられます。前述したように（第2章Ⅴ2）、買主が
売主に契約内容不適合責任を追及するためには、買主が契約内容不適合を
知ってから1年以内にその旨を売主に通知しないと、あとで契約内容不適合
責任を追及できなくなります（566条）。ところが、その期間がすでに過ぎて
いる、あるいは、買主は過ぎていないと思っているが、売主がそれを争うこ
とが考えられるような場合、錯誤取消しの取消権は追認をしうる時、すなわ
ち、買主が錯誤に陥って売買契約を締結したことに気づいた時から5年が経
過していなければ取消権の行使が可能です（126条）。

　また、契約内容不適合を知らないまま時間が経過した場合、契約内容不適
合責任の追及は権利行使可能な時から10年の消滅時効にかかります（166条
1項2号）。これに対して、取消権は追認できることを知らないで時が経過
した場合、行為の時、すなわち錯誤による売買契約締結時から20年の消滅
時効です（126条）。したがって、目的物の引渡し時から10年以上が経過して
いて契約内容不適合の責任を追及できない場合でも、錯誤に気づかないまま
でいた場合は、引渡し時から20年以内であれば錯誤取消しを主張できるの
です。

　もっとも前述したように（1⑶）、当該売買契約が事業者と消費者間で締結された消費者契約であれば、契約内容不適合は、同時に不実告知として取消事由になり得ます（消費者契約法4条1項1号）。しかし、この場合の取消権は不実告知を知って追認できる時から1年、それを知らなくても契約締結時から5年の消滅時効にかかります（同法7条1項）。したがって、消費者契約法上の取消権は時効消滅したが、錯誤に基づく取消権は時効消滅していない場合には、同様に錯誤取消しの主張に固有のメリットが存在することになります。

⑶　錯誤取消しの効果の限界

　錯誤取消しの効果は、取消しの遡及効（121条）により、取り消しうる行為に基づく債務の履行として給付を受けた者が原状回復義務を負う点にあります(121条の2)。したがって、売買契約で目的物の引渡しを受けていた買主は、その目的物を売主に返還する義務を負い、売主は受領した代金を返還する義務を負います。

　なお、売買契約の解除の場合の原状回復義務では、金銭を返還するときは、その受領の時から利息を付さなければならないと規定されています（545条2項）。また、不当利得返還請求権の場合、悪意の受益者は返還すべき利益に利息を付けて返還しなければならないと規定しています（704条）。ところが、改正民法による契約の無効、取消しの効果としての原状回復義務にはそのような利息の返還の規定がありません。この点、法制審議会部会の審議の過程では、契約の無効・取消しの場合に返還すべき金銭への利息の付与については明文を設けず、今後の解釈に委ねることにしたと説明されています[72]。少

72　潮見（2017a）31頁。

なくとも売主が、売買契約当時、買主が錯誤に陥って売買契約を締結したことを知っている悪意の場合には、従前、704条を適用していた場合と同様に、返還すべき代金に利息を付して返還する義務を負うと解すべきでしょう。なぜなら、このような悪意者を民法の改正により今まで以上に保護しなければならない理由がないからです。

VI　建築瑕疵責任と定型約款

Q23　注文住宅の請負契約を締結する際に、請負人が契約書に、民間（七会）連合協定工事請負契約約款[73]という名前の書類を添付してきました。契約の内容をいちいち決めるのも煩雑なので、この約款の内容で契約をしましょうと言われ、よく中身も見ないで契約書に署名押印しました。ところが、建物の引渡しを受けて3年後に契約内容不適合が見つかり、請負人に契約内容不適合責任に基づく損害賠償を請求したところ、約款では引渡しから2年しか請負人は責任を負わないと書いてあるから、請負人は損害賠償請求に応じる義務はないと主張してきました。そのような主張が認められるのでしょうか。

1　改正民法による定型約款の規定の新設

　改正民法は、これまで民法に規定のなかった定型約款の規定を第3編債権第2章契約第1節総則の第5款「定型約款」として新設しました。

　「定型約款」とは、改正民法によれば、「定型取引において、契約の内容と

73　民間（七会）連合協定工事請負契約約款とは、一般社団法人日本建築学会、一般社団法人日本建築協会、公益社団法人日本建築家協会、一般社団法人全国建設業協会、一般社団法人日本建設業連合会、公益社団法人日本建築士会連合会、一般社団法人日本建築士事務所協会連合会の7団体の選出メンバーによる「民間（七会）連合協定工事請負契約約款委員会」のもとで、構成7団体の協定、協働により作成、発行している約款である。2020年（令和2年）4月1日施行の民法改正を踏まえた改正版（2020年4月1日）が発行された。この約款を解説したものとして、民間（七会）連合協定（2020）。

することを目的としてその特定の者により準備された条項の総体をいう」ものと定義されています（548条の2第1項）。ここで「定型取引」とは、「ある特定の者が不特定多数の者を相手方として行う取引であって、その内容の全部又は一部が画一的であることがその双方にとって合理的なもの」をいいます（同項）。

　典型的には鉄道の旅客運送取引における運送約款、電気供給契約における電気供給約款、インターネットサイトの利用取引における利用規約、市販のコンピュータソフトウェアのライセンス規約等がこれにあたるとされています[74]。

　契約などの法律行為に拘束されるのは、自らの意思でその契約を締結したからだという意思自治の原則からすれば、契約の各条項に拘束されるのは、それぞれの条項に自分の意思で合意をしたことが必要であるのが原則です。しかし、上述したような約款では、個々の条項について、いちいち合意をしていないのに拘束されています。そこで従来から、約款の条項に拘束される法的根拠を明確化し、法規制を加えるべきとの議論がありました。2017年改正民法はこのような議論を受けて「定型約款」という形で規定を設けたわけです。

2　定型約款の組入れ要件

　定型約款の各条項が契約内容になるための要件は従来、組入れ要件といわれてきました。改正民法は、次の場合には、定型約款の個別の条項についても合意をしたものとみなされるという形でこの組入れ要件を定めています。

74　筒井・村松編著（2018）246頁。

1つは、定型約款を契約の内容とする旨の合意をしたときです（548条の2第1項1号）。この合意は黙示の合意でもよいとされています[75]。今ひとつは、定型約款を準備した者（定型約款準備者）があらかじめその定型約款を契約の内容とする旨を相手方に表示していたときです（同項2号）。

前者は当事者が当該定型約款を契約内容にすることを合意しているのですから、意思自治の原則からしても、定型約款の各条項に拘束されるのは当然ともいえましょう。後者の場合も、定型約款準備者があらかじめその定型約款を契約内容とする旨を相手方に表示しているのだから、そのうえでその定型約款による取引を行ったのであれば、そこに定型約款を契約内容とする黙示の合意があったといえましょうが、取引の安定の観点から、このような場合に合意があったものとみなすという規定をおいたと解説されています[76]。

3　定型約款の内容の表示

ところで、「定型約款を契約内容とする旨」があらかじめ表示されていたとしても、定型約款の内容が表示されていなければ、どのような定型約款であるかがわかりません。ところが、2017年改正民法では、定型約款の内容の表示について、「定型取引を行い、又は行おうとする定型約款準備者は、<u>定型取引合意の前又は定型取引合意の後相当の期間内に相手方から請求があった場合</u>には、遅滞なく、相当な方法でその定型約款の内容を示さなければならない」（548条の3第1項）として、必ずしも定型取引の合意の前に定型約款の内容を相手方に表示しなくてもよいとしています。これは、定型取引をしようとする場合に、約款内容をいちいち確認しないことがほとんどであるこ

75　筒井・村松編著（2018）249頁。
76　筒井・村松編著（2018）250頁。

とを反映したものと説明されています[77]。

　また、この表示は、「定型約款準備者が既に相手方に対して定型約款を記載した書面を交付し、又はこれを記録した電磁的記録を提供していたとき[78]」は不要とされています（同項）。

　なお、定型約款準備者が定型取引合意の前に、定型約款の内容の表示の請求を拒んだときは、一時的な通信障害が発生した場合その他正当な事由がある場合を除き、定型約款の組入れ要件は満たされません（548条の3第2項）。

4　不当条項規制

　従来、約款の各条項が契約の内容とされることに合意していたとしても、特定の条項が公序良俗に違反していたり、信義則に違反する場合には無効とされる場合がありました。このように効力を制限される条項を不当条項といいます。2017年改正民法は、定型約款を契約内容とする前記の組入れ要件が満たされる場合であっても、「相手方の権利を制限し、又は相手方の義務を加重する条項であって、その定型取引の態様及びその実情並びに取引上の社会通念に照らして第1条第2項に規定する基本原則（信義則──引用者注）に反して相手方の利益を一方的に害すると認められるものについては、合意をしなかったものとみなす」としました（548条の2第2項）。従来の公序良俗

77　山本・深山・山本（2019）277頁。
78　「電磁的記録を提供していたとき」とは、具体的にはインターネットを介した取引であれば、契約締結画面までの間に画面上で認識可能な状態におくことであると説明されています（筒井・村松編著（2018）250頁）。また、たとえばICカードを利用して鉄道の改札を通るような場合に、いちいち個別に電磁的記録を提供することは困難なので、個別の特別法で、あらかじめその定型約款を契約内容とする旨を公表すれば足りるとされています（民法の一部改正に伴う整備法による鉄道営業法18条の2、航空法134条の4など。筒井・村松編著（2018）250頁注2）。

や信義則による不当条項規制は、契約が成立していることを前提に、その効力を制限するものであるのに対して、改正民法の「合意をしなかったものとみなす」という規定は、当該条項がそもそも契約内容に含まれないものとすることを意味します。

5　定型約款の変更

　定型約款準備者は、次に掲げる場合には、定型約款の変更をすることにより、変更後の定型約款の条項について合意があったものとみなし、個別に相手方と合意をすることなく契約の内容を変更することができます。1つは、「定型約款の変更が、相手方の一般の利益に適合するとき」（548条の4第1項1号）。今ひとつは、「定型約款の変更が、契約をした目的に反せず、かつ、変更の必要性、変更後の内容の相当性、この条の規定により定型約款の変更をすることがある旨の定めの有無及びその内容その他の変更に係る事情に照らして合理的なものであるとき」（同項2号）です。

　定型約款準備者は、上述の定型約款の変更をするときは、その効力発生時期を定め、かつ、定型約款を変更する旨および変更後の定型約款の内容並びにその効力発生時期をインターネットの利用その他の適切な方法により周知しなければなりません（548条の4第2項）。

　また、548条の4第1項2号の規定による定型約款の変更は、同条2項の効力発生時期が到来するまでに同項の規定による周知をしなければ、その効力を生じません（同条3項）。

　前述の定型約款の不当条項規制の規定（548条の2第2項）は、定型約款の変更には適用されません（548条の4第4項）。なぜなら、定型約款の変更は、上述のように「相手方の一般の利益に適合するとき」ないし、その内容が「合

理的なものであるとき」に限り効力が認められるからです。

6　建築瑕疵責任と約款

　建物の売買契約や請負契約は、特定の相手方との交渉により成立し、契約内容も個別に決められることがほとんどでしょう。もっとも、建築請負契約では、民間（七会）連合協定工事請負契約約款を契約書に添付する例が多くみられるといわれています。これは、注文者と請負人との間で、細かい契約内容をいちいち交渉で決めるのは煩雑なので、あらかじめ契約の重要な内容について定めた約款を添付して契約の内容とする趣旨で使われているといわれます。しかし、この約款の内容は、たとえば請負人が負うべき契約不適合責任の期間を、目的物の引渡しから2年とし、かつ、この期間内に契約不適合を発注者（注文者）が知ってから1年以内に具体的な契約不適合の内容や請求する損害額の算定の根拠等の損害賠償請求等の根拠を示して、受注者（請負人）の契約不適合責任を問う意思を明確に告げなければならないと定める（27条の2）など、注文者にとって極めて不利益な内容となっています。

　もっとも、この点で2点注意すべき点があります。1つは、前述したように（第2章V1(3)）、住宅の品質確保の促進等に関する法律は、同法が適用される新築住宅の構造上主要な部分および雨水の浸入を予防する部分の瑕疵については、請負人が引渡しから10年間瑕疵担保責任を負うことを定めている点です。この規定は強行規定なので、これに反する契約条項は無効とされます。

　今ひとつは、消費者契約法の規定です。事業者（法人その他の団体および事業としてまたは事業のために契約の当事者となる場合における個人）と個人（事業者とされる個人を除く）の間に締結される契約は消費者契約として、消費者契

約法の適用を受けます。消費者契約法では、いくつかの類型の契約条項を不当条項として無効と定めていますが、その1つに事業者の損害賠償の責任を免除する条項等の無効を定めた8条があります。瑕疵担保責任の期間を短期化する契約条項は、事業者の債務不履行により生じた損害を賠償する責任を一部免除する条項にあたりますが、これが無効とされるのは、その債務不履行が当該事業者、その代表者またはその使用する者の故意または重大な過失による場合に限ります（8条1項2号）。しかし、この場合の故意・重過失の証明責任は消費者である注文者側にあると解されています。一般に故意・重過失の証明は困難といわれますが、最低基準を定めた建築基準法に違反しているような施工があれば重過失を推定すべきでしょう[79]。

　ところで、改正民法によれば定型約款の場合は、前述したように（4）、相手方の権利を制限し、または相手方の義務を加重する条項であって、その定型取引の態様およびその実情並びに取引上の社会通念に照らして信義則に反して相手方の利益を一方的に害すると認められるものについては、合意をしなかったものとみなされます（548条の2第2項）。上述した民間連合協定工事請負契約約款は、ある特定の者が不特定多数を相手方として行う取引に画一的に適用されるものではなく、個々の請負契約において特定の者が特定の相手方と契約をするに際してひな型として約款を利用しているだけなので、定型約款とはいえません[80]。

79　田中峯子編（2008）129頁〔畑中潤執筆担当〕。
80　なお、民間（七会）連合協定（2020）は、この約款は「定型約款にはあたらないと考えられる」としています（14頁）。筒井・村松編著（2018）は、「個人が管理する小規模な賃貸用建物について、ひな形を利用して賃貸借契約を締結していると言った場合におけるそのひな形は定型約款には該当しないと認定されるものと解される」としています（246頁）。

しかし、定型約款ではない約款であっても、548条の2第2項の合意排除規定は、約款一般にあてはまる法理を定めたものとして、その類推適用を認めるべきではないでしょうか。また、従来、出来合いの契約書をそのまま使って契約を締結した場合に、一方にとって不利益な個々の条項についてまで契約内容として合意したものでないとするいわゆる「例文解釈」が、特に賃貸借契約の分野では行われてきましたが[81]、このような解釈のあり方との関係も今後の検討課題でしょう。

---

81 例文解釈については、沖野（1996）を参照。

Ⅶ　建築瑕疵と不法行為責任

1　はじめに

Q24　建築瑕疵をめぐって不法行為責任の追及が考えられるのは、どのような場面でしょうか。

　さて、本書では売買契約や請負契約、賃貸借契約の目的物である建物に欠陥(瑕疵)がある場合の法的問題を取り扱ってきました。すでに述べたように、この問題については、従来、瑕疵担保責任として取り扱われてきた問題が改正民法施行後は、契約内容不適合責任の問題として取り扱われることになったわけです。ところで、建築瑕疵の問題は契約当事者間で契約内容不適合責任の問題としてだけでなく、不法行為責任の問題として扱われる場合もあります。

　民法が定める不法行為責任の原則規定は709条です。これは故意(＝わざと)または過失(＝注意義務違反)によって他人の権利または保護すべき利益を侵害し、これによって損害を生じさせた加害者は、損害を被った被害者に損害賠償責任を負うことを規定しています。

　日本の判例は契約の相手方に対して、契約責任である瑕疵担保責任とは別に不法行為責任を追及できることを認めてきました。このことは瑕疵担保責任が契約内容不適合責任となった改正民法施行後も同様と考えられます。その場合、契約責任とは別に不法行為責任を追及することの意義はどこにある

のかも確認しておく必要があります（後記 2 ）。

　また、契約責任である契約内容不適合責任と違って、不法行為責任は契約
関係にない加害者にも追及できる点に特徴があります。ですから、建物を購
入したら瑕疵があった場合に、売主に契約内容不適合責任を追及できるだけ
でなく、直接契約関係にない当該建物の設計・施工者等に不法行為責任を追
及することも可能です。この場合は、後述のように、判例がいうところの「建
物としての基本的な安全性を損なう瑕疵」（安全性瑕疵）の有無が争点になり
ます（後記 3 ）。

　さらに、建物の瑕疵によって建物所有者以外の賃借人などの居住者や当該
建物を一時的に訪問していた者、隣人、通行人などが生命、身体、財産を侵
害された場合には、709条の不法行為責任以外に、717条の土地工作物責任
という特殊な不法行為責任を追及することも考えられます（後記 4 ）。

　最後に、特殊な問題として名義貸し建築士の不法行為責任の問題にも触れ
ておきます（後記 5 ）。

　以下、順次検討していきましょう。

2　契約の相手方に不法行為責任を追及することの意義

> Q25　売主や請負人、賃貸人などに契約内容不適合責任とは別に不法
> 　　　行為責任を追及することの意義、メリットはどこにあるのですか。

(1)　時効メリット

　契約目的物である建物に瑕疵があった場合に、契約内容不適合責任を追及
することができますが、前述したように（Ⅴ）、この場合、買主や注文者が

瑕疵を知って権利を行使することができることを知った時から5年、瑕疵を知らなくても権利を行使することができる時から10年で権利は時効消滅してしまいます。また、これも前述したように、民法上は、この権利行使期間は特約で短縮することも原則として認められています。もっとも、当該建物が品確法が適用される新築住宅であって、その瑕疵が構造上重要な部分にある場合などは、当該建物の引渡しから10年は契約内容不適合責任を負わなければなりません（品確法94条、95条）。しかし、この規定は中古住宅には適用されません。

　他方で不法行為を理由とした損害賠償請求権は、被害者が損害および加害者を知った時から3年（724条1号。人の生命、身体侵害の場合は5年——724条の2）、知らなくても不法行為の時から20年は権利を行使できます（724条2号）。したがって、契約内容不適合責任を追及しようと思ってもそちらの権利行使期間は過ぎてしまったが、不法行為責任なら追及できるという場合があるわけです。

(2)　弁護士費用、慰謝料の請求

　不法行為を理由にして損害賠償請求をする場合、弁護士費用を支出することの損害も不法行為と相当因果関係のある損害として一定程度認められます。また、行為が悪質であったり被害が重大であると慰謝料も認められます。これに対して、契約内容不適合責任の場合は、弁護士費用や慰謝料が不法行為責任を追及する場合よりも認められない傾向があります。

　また、建物の瑕疵により生命侵害が生じた場合の遺族固有の慰謝料も、不法行為であれば認められます(711条)。しかし、契約内容不適合責任の場合は、売主や請負人、賃貸人と直接契約関係にない遺族の固有の慰謝料は契約関係がないという理由で認められないおそれがあります。

　このように弁護士費用や慰謝料の請求という面でも不法行為責任を追及するメリットがあります。

3　安全性瑕疵

(1)　安全性瑕疵と客観的瑕疵、主観的瑕疵

> Q26　判例がいう安全性瑕疵とはどのような概念ととらえるべきですか。瑕疵担保責任や契約内容不適合責任で問題となる客観的瑕疵（客観的契約内容不適合）、主観的瑕疵（主観的契約内容不適合）とは、どのように違いますか。

　第2章Ⅱ4で前述したように、判例は、設計・施工者等は建物としての基本的な安全性を損なう瑕疵（安全性瑕疵）がないように配慮する注意義務（安全性配慮義務）を負い、この義務に違反して安全性瑕疵ができ、それによって居住者等が生命、身体、財産に損害を被ったら不法行為による損害賠償責任を負うことを認めています。しかし、安全性瑕疵という文言は民法に明文で規定されているわけではありませんし、この概念をどのように解すべきかという問題が残ります。[82]

　最判平成23・7・21判時2129号36頁は、安全性瑕疵を一応、次のように説明しています。安全性瑕疵とは、「居住者等の生命、身体又は財産を危険にさらすような瑕疵をいい、建物の瑕疵が、居住者等の生命、身体又は財産に対する現実的な危険をもたらしている場合に限らず、当該瑕疵の性質に鑑

82　学説や裁判例の詳細は、石橋（2022）、松本（2023b）等を参照してください。

み、これを放置するといずれは居住者等の生命、身体又は財産に対する危険
が現実化することになる場合には、当該瑕疵は、建物としての基本的な安全
性を損なう瑕疵に該当する」。これは現実に事故が発生していないからこの
建物に安全性瑕疵はないとした福岡高等裁判所の判決を否定するための説明
で、要するに実際にその瑕疵によって事故が起きていないとしても、放置す
れば生命、身体、財産に対する危険が現実化するような瑕疵は安全性瑕疵に
あたることを説明しています。

　ところで、すでに述べてきましたように、改正前民法では「瑕疵」という
言葉は、瑕疵担保責任に関連して明文で規定され、判例、学説は、この瑕
疵には、通常の品質を欠く場合の「客観的瑕疵」と、契約で特に定めた品質
を欠く場合の「主観的瑕疵」の両方が含まれれると解してきました（第2章Ⅱ
2）。建物の場合の通常の品質とは、建物としての基本的な安全性を備えて
いることと同じことではないでしょうか。

　つまり、建物に客観的瑕疵があれば安全性瑕疵があると評価すべきと考
えます。判例は、他方で、「建物の美観や居住者の居住環境の快適さを損な
うにとどまる瑕疵」は安全性瑕疵に含まれないとしています（前掲・最判平成
23・7・21）。建物の美観や快適さは契約で定められる品質ですから、これ
は主観的瑕疵の問題として整理できます。つまり、安全性瑕疵とは瑕疵のう
ち主観的瑕疵を除き、客観的瑕疵にあたるものと整理できます。

(2)　安全性瑕疵の判断基準

Q27　安全性瑕疵の有無は、何を基準に判断すべきでしょうか。

　それでは客観的瑕疵としての安全性瑕疵は何を基準に判断すべきでしょう

か。結論からいえば、この判断基準は建築基準法やその規定を具体化した関連法規を基準に判断すべきです。なぜなら、建築基準法は、その1条で、この法律は、国民の生命、健康および財産の保護を図るための最低基準を定めるものだと規定しています。建築基準法やそれを具体化した関連法規は、生命、健康、安全を守るための最低基準を定めているのですから、その基準に違反していれば、建物としての基本的な安全性を満たさない品質である、すなわち安全性瑕疵があると評価すべきです。

　なお、些細な建築基準法違反でも安全性瑕疵があるとして不法行為責任を負わせるのは責任を加重に課すことになるから、建築基準法は安全性瑕疵の基準にすべきでないという見解や下級審裁判例もありますが、このような考え方は安全性瑕疵の有無と損害賠償責任の有無とを混同するもので疑問です。この点で参照されるべきは、改正前民法が請負人の瑕疵担保責任について、目的物の瑕疵が重大でなく修補に過分な費用がかかる場合には、請負人は修補義務を負わないとしていた点です（旧634条1項ただし書）。判例は、このように請負人が修補義務を負わない場合は、修補に代わる損害賠償義務も負わないとしていました。ここで重要なのは、重大でなく修補に過分な費用がかかる場合に、それは瑕疵ではないと規定しているのではなく、瑕疵ではあるが請負人は修補義務や損害賠償義務は負わないとしている点です。ですから、この考え方を安全性瑕疵に応用すれば、軽微な建築基準法違反であろうと安全性瑕疵があることには変わりはないが、しかしその安全性瑕疵が重大でなく修補に過分な費用がかかる場合には、その修補費用相当額の賠償義務までは負わないと解せば足りるのではないでしょうか。

(3)　安全性瑕疵と過失

Q28　建物に安全性瑕疵がある場合に、原告となった被害者やその遺
　　　族は、安全性瑕疵についての設計・施工者等の過失をどのように証
　　　明したらよいのでしょうか。

　709条は、加害者に故意または過失がある場合に不法行為責任を負わせる
規定ですので、過失責任主義を定めたものと解されています。また、加害者
に故意または過失があることは被害者側で主張立証すべきとされています。
過失とは注意義務違反のことをいいます。

　下級審裁判例の中には、安全性瑕疵がある場合に、設計施工者がどのよう
な注意義務に違反してその安全性瑕疵ができたのかを被害者側が具体的に立
証すべきで、それを立証できない場合には、設計・施工者等に不法行為責任
が生じないとするものもあります（上述の別府マンション事件の第2次差戻審：
福岡高判平成24・1・10判時2158号62頁）。しかし、被害者は建築の専門家で
ないことが通常ですし、また当該建物が設計、施工される過程を観察してい
るわけではないのですから、設計・施工者にどのような具体的な注意義務が
あり、その注意義務にどのように違反したのかを証明しろというのは、極め
て大きな困難を強いるものです。

　しかし、判例は、設計・施工者等は建物としての基本的な安全性に欠ける
ことがないように、つまり安全性瑕疵がないように設計・施工する注意義務
を負っているとしているわけです。ということは、当該建物に安全性瑕疵が
あるならば、そのような瑕疵がないように設計・施工する注意義務に違反し
たことが推定できるのではないでしょうか。つまり、被害者である原告側が

当該建物に安全性瑕疵があることを証明できれば、加害者である設計・施工者側でそのような安全性瑕疵があることについて自らに過失がないことを証明すべきです。[83]　このように、判例の安全性瑕疵概念は、建築瑕疵に関する不法行為責任における過失の立証責任を加害者側に転換させることに固有の意義があると解すことこそ、建物の安全性を強調する判例の趣旨にかなう解釈であると考えます。

4　建築瑕疵と土地工作物責任

(1)　建物の占有者と所有者の責任

> Q29　建築瑕疵による被害について土地工作物責任を追及する場合は、誰にどのように責任を追及したらよいのですか。

　民法は、土地の工作物の設置・保存に瑕疵があり、それによって損害を被った者は、その土地工作物の占有者に損害賠償責任を追及でき、この場合、占有者が損害防止に必要な注意を尽くしたことを証明できなければ占有者が損害賠償責任を負うことを規定します。これは709条のように被害者が加害者の過失を立証するのではなく、逆に加害者が自己に過失がないことの立証責任を負うので、過失責任ではなく、中間責任と解されています。また、占有者が免責された場合は所有者は無過失でも損害賠償責任を負わなければなりません（717条1項）。

　ここでいう土地工作物とは、土地に付着させた人工物と解されていますの

83　松本（2011b）1418頁、同（2023b）。

で、建物は当然、その中に含まれます。建物を建てるためには、その基礎を
しっかり作らなければなりませんから、建物の基礎となる地盤として人工的
に作られたものも土地工作物に含まれます。

　ここで「瑕疵」とは、当該土地工作物が通常有すべき安全性を欠くことと
解されていますから、717条の瑕疵とは安全性瑕疵と同じ意味と解すること
ができます。設置の瑕疵とは建物を建築した時点での瑕疵で、保存の瑕疵とは
設置後に瑕疵が生じた場合ですが、当該土地工作物の瑕疵が設置の瑕疵なの
か、保存の瑕疵なのかを特定する必要はなく、設置ないし保存に瑕疵がある
ことが主張立証できればよいと解されています。

　ところで「占有」とは、物権法上は、その物を事実上支配することです。
そのうえで、この支配すなわち占有は直接支配、すなわち直接占有だけでは
なく、他人を介して間接的に支配している場合、間接占有も含まれます。そ
うすると、当該建物を賃貸借契約で賃借人が借りて占有している場合、賃借
人は直接占有者、所有者である賃貸人は間接占有者になります。土地工作物
責任を負う「占有者」の意味が物権法上の占有者のことだとすると、賃借人
も賃貸人も占有者になってしまいます。

　しかし、判例は土地工作物責任の占有者とは、単純に物権法上の占有者と
解すのではなく、それよりも狭く、当該土地工作物の危険を具体的に支配・
管理する者を占有者と解しています（最判平成2・11・6判時1407号67頁）。
なぜなら、土地工作物責任は危険な物を管理するものがその危険の現実化か
ら生じた損害に対して責任を負うべきだという「危険責任」の法理を具体化
したものと考えられているからです。

　ですから、当該建物の賃借人が預かり知らない建物の構造自体に瑕疵があ
るような場合、賃借人は物権法的には当該建物を占有はしていますが、その

ような構造上の危険を支配・管理しているのではないのですから、この場合
の占有者は当該建物の賃貸人である所有者であると解すべきです。

たとえば、震度5の地震で耐震強度偽装のある賃貸マンションが倒壊し、
賃借人や隣人、たまたま通りかかった通行人がそれに巻き込まれて死傷した
ような場合を考えてみましょう。当該賃貸マンションの賃借人は物権法上の
占有者ではありますが、耐震強度偽装は賃借人の預かり知らない建物の構造
上の瑕疵の問題ですから、建物の構造にかかわる危険を支配・管理している
のは賃借人ではなく建物所有者である賃貸人だと解すべきしょう。ですから、
この場合、被害者や遺族はこの倒壊した賃貸マンションの所有者を相手取り、
所有者兼占有者として、土地工作物責任を追及すればよく、この場合、所有
者は自らの無過失を主張しても免責されないことになります。

(2)　他に責任原因者がいる場合の求償権

> Q30　土地工作物責任に基づき損害賠償義務を履行した占有者や所有者
> 　　　は自らその瑕疵をつくり出したのではない場合には、踏んだり蹴っ
> 　　　たりの目にあったことになりますが、このあとどうしたらよいです
> 　　　か。

このように建物に設置・保存の瑕疵がある場合に、建物所有者はその瑕疵
により被害を受けた被害者に無過失でも損害賠償責任を負わなければなりま
せん。建物所有者自身がその瑕疵をつくり出したのなら、自業自得であって
仕方ありません。しかし、建築会社に発注して建てられた建物や購入した建
物に瑕疵があり、その瑕疵の被害者に損害賠償をしたような場合には、自ら
がその瑕疵をつくり出したわけではありませんから、たまったものではあり

ません。そこで、民法は、このように土地工作物責任に基づき損害賠償義務を履行した所有者ないし占有者は、他に原因を与えた者がいれば、その者に求償できることを規定しています（717条3項）。

　この求償権の行使のところでも、判例の安全性瑕疵の考え方が威力を発揮することになります。なぜなら、先ほど述べたように土地工作物責任における設置・保存の瑕疵とは安全性瑕疵のことにほかなりません。建物に安全性瑕疵があるならば、当該建物の設計・施工者等に709条の不法行為責任を追及することが可能です。したがって、土地工作物責任に基づき被害者に損害賠償をした占有者ないし所有者は、当該建物の安全性瑕疵をつくり出した設計・施工者等に求償することが考えられます。

　また、被害者からしても、建物所有者は無過失責任を負うとしても資力に乏しい場合には、最初から、当該建物の設計・施工者等に709条の不法行為責任を追及することも考えられます。

5　名義貸し建築士の不法行為責任

Q31　名義貸し建築士の不法行為責任とはどのようなものですか。

　建物を建築するには建築確認申請をして、建築確認を得なければなりません。そして、建築確認申請には資格のある建築士が工事監理をしていることを示すために、その者の氏名、住所、登録番号等を記載しなければなりません。ところが、実際には工事監理をしないにもかかわらず、建築確認申請のためにだけ建築士が工事監理者として名義を貸すだけの場合がありました。これがいわゆる名義貸し建築士の問題です。

　建築施工された建物に瑕疵があった場合、建築士がそのような瑕疵がないように工事を監理していなかったり、監理の仕方が不十分であった場合には、工事監理者にも不法行為責任が生じます。ところが、名義貸し建築士の場合は、建築確認申請に名義を貸しただけで、実際には施主と工事監理契約を結んでいたわけではないので、監理義務がそもそも生じないのではないか、したがって不法行為責任は成立しないのではないかという問題が生じ、下級審の裁判例も不法行為責任肯定例と否定例に分かれていました。[84]

　この問題について不法行為責任肯定説で統一したのが最判平成15・11・14民集57巻10号1561頁です。この判決は、建築士の義務等について規定した建築士法やその関連法規定が「建築物を建築し、又は購入しようとする者に対して<u>建築基準関係規定に適合し、安全性等が確保された建築物を提供する</u>こと等のために、建築士には建築物の設計及び工事監理等の専門家としての特別の地位が与えられている」としました。そのような建築士法等の制度趣旨からすると、「建築士は、その業務を行うに当たり、新築等の建築物を購入しようとする者に対する関係において、<u>建築士法及び法の上記各規定による規制の潜脱を容易にする行為等、その規制の実効性を失わせるような行為</u><u>をしてはならない法的義務があるもの</u>というべきであり、建築士が故意又は過失によりこれに違反する行為をした場合には、その行為により損害を被った建築物の購入者に対し、不法行為に基づく賠償責任を負うものと解するのが相当である」としました。

　要するに、建築確認申請に名義だけを貸して実際に工事監理を行わない行為は、建築士法等の「規制の実効性を失わせるような行為」であり、そのよ

84　詳細は、松本（2000）、松本・齋藤・小久保編（2022）38頁以下。

うな行為により当該建物に瑕疵ができて建物購入者に修補費用等の損害が生じたら、名義貸し建築士も不法行為責任を負うというわけです。

　なお、瑕疵ある建築物を施工した建築施工者と名義貸し建築士の責任の負担割合ですが、建築施工者の責任のほうが重いとして名義貸し建築士の責任を限定する裁判例もありますが、逆に、被害者との関係では名義貸し建築士にも全部の責任を認めて、あとは建築施工者と名義貸し建築士の内部負担の問題として内部で精算すべきという処理をする裁判例があります。[85]建築士法等の潜脱行為をなくすためには、名義貸し建築士に部分責任だけでなく、全部責任を認めるほうが効果的でしょう。

85　松本・齋藤・小久保編（2022）42頁。

VIII 経過規定

改正民法は、2020年（令和2年）4月1日から施行されました。以下の経過規定が重要です。

2017年改正民法の附則[86]によれば、施行日前に締結されていた売買契約や請負契約、賃貸借契約およびそれに付随する特約については、「なお従前の例による」（附則34条1項）と規定されています。

また、時効については、施行日前に債権が生じた場合（施行日以降に債権が生じた場合であって、その原因である法律行為が施行日前にされたときを含む）におけるその債権の消滅時効期間については、「なお従前の例による」（附則10条4項）とされています。

以上から、売買契約や請負契約、賃貸借契約が改正民法施行日（2020年4月1日）前にすでに締結されていた場合には、施行後に契約内容不適合が発見された場合であっても、改正民法の契約内容不適合責任の追及ではなく、従前の瑕疵担保責任の規定に基づいた責任の追及ということになります。

したがって、瑕疵担保責任を追及できる期間も、売買契約や賃貸借契約では目的物の隠れた瑕疵を知った時から1年以内に裁判外であっても権利を行使すれば権利は保存されます。隠れた瑕疵を知らずに引渡しから10年が過ぎると債権一般の消滅時効が完成します（旧166条1項、旧167条1項）。請負契約の場合の請負人の瑕疵担保責任は、建物の場合は建物の種類により引渡しから5年ないし10年です（旧638条1項）。

---

86 附則について実務的な観点から解説を加えたものとして、中込（2020）がある。

　以上のように、改正民法が施行されても、建築瑕疵をめぐる紛争のすべて
に改正民法が適用されるのではなく、施行日前に締結されていた契約につい
ては、改正前の民法が基準となるので、しばらくは、改正前民法と改正民法
とが紛争解決の基準として混在した時期が続くことになります。

　改正民法で新設された規定の解釈をめぐる判例の定着もないし、従前の判
例がどこまで改正民法後にも効力を有するのかという問題も生じましょう。
民法改正の目的の1つは市民にわかりやすい民法にするということでした
が、しばらくは市民にも法律専門家にも民法がわかりにくい時代にならない
とも限りません。

◈判例索引◈

大判昭和 8 ・ 1 ・14民集12巻71頁（瑕疵概念）　　18

大判昭和13・ 3 ・ 1 民集17巻318頁（同時履行の抗弁権と相殺）　　71

最判昭和29・11・26民集 8 巻11号2087頁（動機の錯誤）　　86

最判昭和33・ 6 ・14民集12巻 9 号1492頁（動機の錯誤）　　87

最判昭和37・12・25集民63号953頁（動機の錯誤）　　86

最判昭和40・ 9 ・10民集19巻 6 号1512頁（錯誤）　　90

最判昭和41・ 4 ・14民集20巻 4 号649頁（瑕疵担保責任と錯誤）　　88

最判昭和51・ 2 ・13民集30巻 1 号 1 頁　　76

最判昭和53・ 9 ・21集民125号85頁（瑕疵修補に代わる損害賠償請求権
　と報酬債権との相殺）　　71, 72

最判昭和54・ 3 ・20判時927号184頁（瑕疵修補に代わる損害賠償請求）　　38

最判昭和58・ 1 ・20判時1076号56頁　　43

最判平成元・ 9 ・14判時1336号93頁（動機の錯誤）　　86

最判平成元・12・21民集43巻12号2209頁（民法724条後段の20年間の性
　質）　　56

最判平成 2 ・11・ 6 判時1407号67頁（土地工作物責任の占有者）　　112

最判平成 4 ・10・20民集46巻 7 号1129頁（瑕疵担保責任と消滅時効）　　53

最判平成 9 ・ 7 ・15民集51巻 6 号2581頁（瑕疵担保責任に基づく損害賠
　償請求権と報酬債権との相殺と遅延損害金の起算日）　　72

最判平成10・ 6 ・12民集52巻 4 号1087頁（民法724条後段の効果制限）　　57

最判平成13・11・27民集55巻 6 号1311頁（瑕疵担保責任と消滅時効）　　53

最判平成14・ 7 ・11集民206号707頁（動機の錯誤）　　87

最判平成14・9・24判時1801号77頁（建替費用相当額の賠償請求）　43, 44,
　　48, 51

最判平成15・10・10判時1840号18頁（柱の太さ事件）　49

最判平成15・11・14民集57巻10号1561頁（名義貸し建築士の責任）　115

東京地判平成17・12・5判時1914号107頁（シックハウス）　24

最判平成19・7・6民集61巻5号1769頁（安全性瑕疵）　28, 30, 31

最判平成21・4・28民集63巻4号853頁（民法724条後段の効果制限）　57

横浜地判平成22・3・25欠陥住宅判例［第6集］62頁（瑕疵の認定）　23

札幌地判平成22・4・22判時2083号96頁（耐震強度偽装・錯誤）　89, 90

最判平成22・6・1民集64巻4号953頁（フッ素事件）　18

最判平成22・6・17民集64巻4号1197頁（居住利益の控除否定）　74

仙台地判平成23・1・13判時2112号75頁　27, 30

神戸地判平成23・1・18判時2146号106頁　25

最判平成23・7・21判時2129号36頁（安全性瑕疵）　107, 108

福岡高判平成24・1・10判時2158号62頁　110

東京地判平成24・6・8判時2169号26頁　56

最判令和2・9・11民集74巻6号1693頁（相殺）　73

◈民法新旧対照表（抄）◈

旧法	新法
95条（錯誤） 　意思表示は、法律行為の要素に錯誤があったときは、無効とする。ただし、表意者に重大な過失があったときは、表意者は、自らその無効を主張することができない。	95条（錯誤） 1　意思表示は、次に掲げる錯誤に基づくものであって、その錯誤が法律行為の目的及び取引上の社会通念に照らして重要なものであるときは、取り消すことができる。 一　意思表示に対応する意思を欠く錯誤 二　表意者が法律行為の基礎とした事情についてのその認識が真実に反する錯誤 2　前項第2号の規定による意思表示の取消しは、その事情が法律行為の基礎とされていることが表示されていたときに限り、することができる。 3　錯誤が表意者の重大な過失によるものであった場合には、次に掲げる場合を除き、第1項の規定による意思表示の取消しをすることができない。 一　相手方が表意者に錯誤があることを知り、又は重大な過失によって知らなかったとき。 二　相手方が表意者と同一の錯誤に陥っていたとき。 4　第1項の規定による意思表示の取消しは、善意でかつ過失がない第三者に対抗することができない。
153条（催告） 　催告は、6箇月以内に、裁判上の請求、支払督促の申立て、和解の申立て、民事調停法若しくは家事事件手続法による調停の申立て、破産手続参加、再	150条（催告による時効の完成猶予） 1　催告があったときは、その時から6箇月を経過するまでの間は、時効は、完成しない。 2　催告によって時効の完成が猶予され

生手続参加、更生手続参加、差押え、仮差押え又は仮処分をしなければ、時効の中断の効力を生じない。

ている間にされた再度の催告は、前項の規定による時効の完成猶予の効力を有しない。

151条（協議を行う旨の合意による時効の完成猶予）

1 権利についての協議を行う旨の合意が書面でされたときは、次に掲げる時のいずれか早い時までの間は、時効は、完成しない。

一 その合意があった時から1年を経過した時

二 その合意において当事者が協議を行う期間（1年に満たないものに限る。）を定めたときは、その期間を経過した時

三 当事者の一方から相手方に対して協議の続行を拒絶する旨の通知が書面でされたときは、その通知の時から6箇月を経過した時

2 前項の規定により時効の完成が猶予されている間にされた再度の同項の合意は、同項の規定による時効の完成猶予の効力を有する。ただし、その効力は、時効の完成が猶予されなかったとすれば時効が完成すべき時から通じて5年を超えることができない。

3 催告によって時効の完成が猶予されている間にされた第1項の合意は、同項の規定による時効の完成猶予の効力を有しない。同項の規定により時効の完成が猶予されている間にされた催告についても、同様とする。

4 第1項の合意がその内容を記録した電磁的記録（電子的方式、磁気的方式その他人の知覚によっては認識することができない方式で作られる記録であって、電子計算機による情報処理の

用に供されるものをいう。以下同じ。）
によってされたときは、その合意は、
書面によってされたものとみなして、
前3項の規定を適用する。

5　前項の規定は、第1項第3号の通知
について準用する。

166条（債権等の消滅時効）
1　債権は、次に掲げる場合には、時効
によって消滅する。
一　債権者が権利を行使することがで
きることを知った時から5年間行使
しないとき。
二　権利を行使することができる時か
ら10年間行使しないとき。
2　債権又は所有権以外の財産権は、権
利を行使することができる時から20
年間行使しないときは、時効によって
消滅する。
3　前2項の規定は、始期付権利又は停
止条件付権利の目的物を占有する第三
者のために、その占有の開始の時から
取得時効が進行することを妨げない。
ただし、権利者は、その時効を更新す
るため、いつでも占有者の承認を求め
ることができる。

167条　（人の生命又は身体の侵害によ
る損害賠償請求権の消滅時効）
　人の生命又は身体の侵害による損害
賠償請求権の消滅時効についての前条
第1項第2号の規定の適用について
は、同号中「10年間」とあるのは、「20
年間」とする。

412条の2（履行不能）
1　債務の履行が契約その他の債務の発
生原因及び取引上の社会通念に照らし

166条（消滅時効の進行等）
1　消滅時効は、権利を行使することが
できる時から進行する。
2　前項の規定は、始期付権利又は停止
条件付権利の目的物を占有する第三者
のために、その占有の開始の時から取
得時効が進行することを妨げない。た
だし、権利者は、その時効を中断する
ため、いつでも占有者の承認を求める
ことができる。

167条（債権等の消滅時効）
1　債権は、10年間行使しないときは、
消滅する。
2　債権又は所有権以外の財産権は、20
年間行使しないときは、消滅する

て不能であるときは、債権者は、その
債務の履行を請求することができない。

2　契約に基づく債務の履行がその契約
の成立の時に不能であったことは、第
415条の規定によりその履行の不能に
よって生じた損害の賠償を請求するこ
とを妨げない。

415条（債務不履行による損害賠償）

債務者がその債務の本旨に従った履
行をしないときは、債権者は、これに
よって生じた損害の賠償を請求するこ
とができる。債務者の責めに帰すべき
事由によって履行をすることができな
くなったときも、同様とする。

415条（債務不履行による損害賠償）

1　債務者がその債務の本旨に従った履
行をしないとき又は債務の履行が不能
であるときは、債権者は、これによっ
て生じた損害の賠償を請求することが
できる。ただし、その債務の不履行が
契約その他の債務の発生原因及び取引
上の社会通念に照らして債務者の責め
に帰することができない事由によるも
のであるときは、この限りでない。

2　前項の規定により損害賠償の請求を
することができる場合において、債権
者は、次に掲げるときは、債務の履行
に代わる損害賠償の請求をすることが
できる。

一　債務の履行が不能であるとき。

二　債務者がその債務の履行を拒絶す
る意思を明確に表示したとき。

三　債務が契約によって生じたもので
ある場合において、その契約が解除
され、又は債務の不履行による契約
の解除権が発生したとき。

416条（損害賠償の範囲）

1　債務の不履行に対する損害賠償の請
求は、これによって通常生ずべき損害
の賠償をさせることをその目的とする。

2　特別の事情によって生じた損害で
あっても、当事者がその事情を予見し、
又は予見することができたときは、債

416条（損害賠償の範囲）

1　債務の不履行に対する損害賠償の請
求は、これによって通常生ずべき損害
の賠償をさせることをその目的とする。

2　特別の事情によって生じた損害で
あっても、当事者がその事情を予見す
べきであったときは、債権者は、その

権者は、その賠償を請求することができる。

533条（同時履行の抗弁）
　　双務契約の当事者の一方は、相手方がその債務の履行を提供するまでは、自己の債務の履行を拒むことができる。ただし、相手方の債務が弁済期にないときは、この限りでない。

534条（債権者の危険負担）
1　特定物に関する物権の設定又は移転を双務契約の目的とした場合において、その物が債務者の責めに帰することができない事由によって滅失し、又は損傷したときは、その滅失又は損傷は、債権者の負担に帰する。
2　不特定物に関する契約については、第401条第2項の規定によりその物が確定した時から、前項の規定を適用する。

536条（債務者の危険負担等）
1　前2条に規定する場合を除き、当事者双方の責めに帰することができない事由によって債務を履行することができなくなったときは、債務者は、反対給付を受ける権利を有しない。
2　債権者の責めに帰すべき事由によって債務を履行することができなくなったときは、債務者は、反対給付を受ける権利を失わない。この場合において、自己の債務を免れたことによって利益を得たときは、これを債権者に償還しなければならない。

賠償を請求することができる。

533条（同時履行の抗弁）
　　双務契約の当事者の一方は、相手方がその債務の履行（債務の履行に代わる損害賠償の債務の履行を含む。）を提供するまでは、自己の債務の履行を拒むことができる。ただし、相手方の債務が弁済期にないときは、この限りでない。

534条及び535条　削除

536条（債務者の危険負担等）
1　当事者双方の責めに帰することができない事由によって債務を履行することができなくなったときは、債権者は、反対給付の履行を拒むことができる。
2　債権者の責めに帰すべき事由によって債務を履行することができなくなったときは、債権者は、反対給付の履行を拒むことができない。この場合において、債務者は、自己の債務を免れたことによって利益を得たときは、これを債権者に償還しなければならない。

125

541条（履行遅滞等による解除権）
　当事者の一方がその債務を履行しない場合において、相手方が相当の期間を定めてその履行の催告をし、その期間内に履行がないときは、相手方は、契約の解除をすることができる。

543条（履行不能による解除権）
　履行の全部又は一部が不能となったときは、債権者は、契約の解除をすることができる。ただし、その債務の不履行が債務者の責めに帰することができない事由によるものであるときは、この限りでない。

541条（催告による解除）
　当事者の一方がその債務を履行しない場合において、相手方が相当の期間を定めてその履行の催告をし、その期間内に履行がないときは、相手方は、契約の解除をすることができる。ただし、その期間を経過した時における債務の不履行がその契約及び取引上の社会通念に照らして軽微であるときは、この限りでない。

542条（催告によらない解除）
1　次に掲げる場合には、債権者は、前条の催告をすることなく、直ちに契約の解除をすることができる。
　一　債務の全部の履行が不能であるとき。
　二　債務者がその債務の全部の履行を拒絶する意思を明確に表示したとき。
　三　債務の一部の履行が不能である場合又は債務者がその債務の一部の履行を拒絶する意思を明確に表示した場合において、残存する部分のみでは契約をした目的を達することができないとき。
　四　契約の性質又は当事者の意思表示により、特定の日時又は一定の期間内に履行をしなければ契約をした目的を達することができない場合において、債権者が履行をしないでその時期を経過したとき。
　五　前各号に掲げる場合のほか、債務者がその債務の履行をせず、債権者が前条の催告をしても契約をした目的を達するのに足りる履行がされる見込みがないことが明らかであるとき。
2　次に掲げる場合には、債権者は、前

条の催告をすることなく、直ちに契約
の一部の解除をすることができる。
一　債務の一部の履行が不能であると
き。
二　債務者がその債務の一部の履行を
拒絶する意思を明確に表示したとき。

545条（解除の効果）
1　当事者の一方がその解除権を行使し
たときは、各当事者は、その相手方を
原状に復させる義務を負う。ただし、
第三者の権利を害することはできない。
2　前項本文の場合において、金銭を返
還するときは、その受領の時から利息
を付さなければならない。
3　解除権の行使は、損害賠償の請求を
妨げない。

545条（解除の効果）
1　当事者の一方がその解除権を行使し
たときは、各当事者は、その相手方を
原状に復させる義務を負う。ただし、
第三者の権利を害することはできない。
2　前項本文の場合において、金銭を返
還するときは、その受領の時から利息
を付さなければならない。
3　第1項本文の場合において、金銭以
外の物を返還するときは、その受領の
時以後に生じた果実をも返還しなけれ
ばならない。
4　解除権の行使は、損害賠償の請求を
妨げない。

第5款　定型約款
548条の2（定型約款の合意）
1　定型取引（ある特定の者が不特定多
数の者を相手方として行う取引であっ
て、その内容の全部又は一部が画一的
であることがその双方にとって合理的
なものをいう。以下同じ。）を行うこ
との合意（次条において「定型取引合
意」という。）をした者は、次に掲げる
場合には、定型約款（定型取引におい
て、契約の内容とすることを目的とし
てその特定の者により準備された条項
の総体をいう。以下同じ。）の個別の
条項についても合意をしたものとみな
す。
一　定型約款を契約の内容とする旨の

合意をしたとき。

二 定型約款を準備した者（以下「定型約款準備者」という。）があらかじめその定型約款を契約の内容とする旨を相手方に表示していたとき。

2 前項の規定にかかわらず、同項の条項のうち、相手方の権利を制限し、又は相手方の義務を加重する条項であって、その定型取引の態様及びその実情並びに取引上の社会通念に照らして第1条第2項に規定する基本原則に反して相手方の利益を一方的に害すると認められるものについては、合意をしなかったものとみなす。

548条の3（定型約款の内容の表示）

1 定型取引を行い、又は行おうとする定型約款準備者は、定型取引合意の前又は定型取引合意の後相当の期間内に相手方から請求があった場合には、遅滞なく、相当な方法でその定型約款の内容を示さなければならない。ただし、定型約款準備者が既に相手方に対して定型約款を記載した書面を交付し、又はこれを記録した電磁的記録を提供していたときは、この限りでない。

2 定型約款準備者が定型取引合意の前において前項の請求を拒んだときは、前条の規定は、適用しない。ただし、一時的な通信障害が発生した場合その他正当な事由がある場合は、この限りでない。

584条の4（定型約款の変更）

1 定型約款準備者は、次に掲げる場合には、定型約款の変更をすることにより、変更後の定型約款の条項について合意があったものとみなし、個別に相

手方と合意をすることなく契約の内容を変更することができる。

一　定型約款の変更が、相手方の一般の利益に適合するとき。

二　定型約款の変更が、契約をした目的に反せず、かつ、変更の必要性、変更後の内容の相当性、この条の規定により定型約款の変更をすることがある旨の定めの有無及びその内容その他の変更に係る事情に照らして合理的なものであるとき。

2　定型約款準備者は、前項の規定による定型約款の変更をするときは、その効力発生時期を定め、かつ、定型約款を変更する旨及び変更後の定型約款の内容並びにその効力発生時期をインターネットの利用その他の適切な方法により周知しなければならない。

3　第1項第2号の規定による定型約款の変更は、前項の効力発生時期が到来するまでに同項の規定による周知をしなければ、その効力を生じない。

4　第548条の2第2項の規定は、第1項の規定による定型約款の変更については、適用しない。

570条（売主の瑕疵担保責任）

　売買の目的物に隠れた瑕疵があったときは、第566条の規定を準用する。ただし、強制競売の場合は、この限りでない。

562条（買主の追完請求権）

1　引き渡された目的物が種類、品質又は数量に関して契約の内容に適合しないものであるときは、買主は、売主に対し、目的物の修補、代替物の引渡し又は不足分の引渡しによる履行の追完を請求することができる。ただし、売主は、買主に不相当な負担を課するものでないときは、買主が請求した方法と異なる方法による履行の追完をすることができる。

2　前項の不適合が買主の責めに帰すべ

き事由によるものであるときは、買主
は、同項の規定による履行の追完の請
求をすることができない。

563条（買主の代金減額請求権）

1 　前条第1項本文に規定する場合にお
いて、買主が相当の期間を定めて履行
の追完の催告をし、その期間内に履行
の追完がないときは、買主は、その不
適合の程度に応じて代金の減額を請求
することができる。

2 　前項の規定にかかわらず、次に掲げ
る場合には、買主は、同項の催告をす
ることなく、直ちに代金の減額を請求
することができる。

一 　履行の追完が不能であるとき。

二 　売主が履行の追完を拒絶する意思
を明確に表示したとき。

三 　契約の性質又は当事者の意思表示
により、特定の日時又は一定の期間
内に履行をしなければ契約をした目
的を達することができない場合にお
いて、売主が履行の追完をしないで
その時期を経過したとき。

四 　前3号に掲げる場合のほか、買主
が前項の催告をしても履行の追完を
受ける見込みがないことが明らかで
あるとき。

3 　第1項の不適合が買主の責めに帰す
べき事由によるものであるときは、買
主は、前2項の規定による代金の減額
の請求をすることができない。

**564条（買主の損害賠償請求及び解除権
の行使）**

前2条の規定は、第415条の規定に
よる損害賠償の請求並びに第541条及
び第542条の規定による解除権の行使

を妨げない。

566条（目的物の種類又は品質に関する
　担保責任の期間の制限）
　　売主が種類又は品質に関して契約の
　内容に適合しない目的物を買主に引き
　渡した場合において、買主がその不適
　合を知った時から1年以内にその旨を
　売主に通知しないときは、買主は、そ
　の不適合を理由として、履行の追完の
　請求、代金の減額の請求、損害賠償の
　請求及び契約の解除をすることができ
　ない。ただし、売主が引渡しの時にそ
　の不適合を知り、又は重大な過失に
　よって知らなかったときは、この限り
　でない。

567条（目的物の滅失等についての危険
　の移転）
1　売主が買主に目的物（売買の目的と
　して特定したものに限る。以下この条
　において同じ。）を引き渡した場合に
　おいて、その引渡しがあった時以後に
　その目的物が当事者双方の責めに帰す
　ることができない事由によって滅失
　し、又は損傷したときは、買主は、そ
　の滅失又は損傷を理由として、履行の
　追完の請求、代金の減額の請求、損害
　賠償の請求及び契約の解除をすること
　ができない。この場合において、買主
　は、代金の支払を拒むことができない。
2　売主が契約の内容に適合する目的物
　をもって、その引渡しの債務の履行を
　提供したにもかかわらず、買主がその
　履行を受けることを拒み、又は受ける
　ことができない場合において、その履
　行の提供があった時以後に当事者双方
　の責めに帰することができない事由に

566条（地上権等がある場合等における
　売主の担保責任）
1　売買の目的物が地上権、永小作権、
　地役権、留置権又は質権の目的である
　場合において、買主がこれを知らず、
　かつ、そのために契約をした目的を達
　することができないときは、買主は、
　契約の解除をすることができる。この
　場合において、契約の解除をすること
　ができないときは、損害賠償の請求の
　みをすることができる。
2　前項の規定は、売買の目的である不
　動産のために存すると称した地役権が
　存しなかった場合及びその不動産につ
　いて登記をした賃貸借があった場合に
　ついて準用する。
3　前2項の場合において、契約の解除
　又は損害賠償の請求は、買主が事実を
　知った時から1年以内にしなければな
　らない。

よってその目的物が滅失し、又は損傷
したときも、前項と同様とする。

571条（売主の担保責任と同時履行）
　第533条の規定は、第563条から第
566条まで及び前条の場合について準
用する。

571条　削除

572条（担保責任を負わない旨の特約）
　売主は、第560条から前条までの規
定による担保の責任を負わない旨の特
約をしたときであっても、知りながら
告げなかった事実及び自ら第三者のた
めに設定し又は第三者に譲り渡した権
利については、その責任を免れること
ができない。

572条（担保責任を負わない旨の特約）
　売主は、第562条第1項本文又は第
565条に規定する場合における担保の
責任を負わない旨の特約をしたときで
あっても、知りながら告げなかった事
実及び自ら第三者のために設定し又は
第三者に譲り渡した権利については、
その責任を免れることができない。

601条（賃貸借）
　賃貸借は、当事者の一方がある物の
使用及び収益を相手方にさせることを
約し、相手方がこれに対してその賃料
を支払うことを約することによって、
その効力を生ずる。

601条（賃貸借）
　賃貸借は、当事者の一方がある物の
使用及び収益を相手方にさせることを
約し、相手方がこれに対してその賃料
を支払うこと及び引渡しを受けた物を
契約が終了したときに返還することを
約することによって、その効力を生ず
る。

606条（賃貸物の修繕等）
1　賃貸人は、賃貸物の使用及び収益に
　必要な修繕をする義務を負う。
2　賃貸人が賃貸物の保存に必要な行為
　をしようとするときは、賃借人は、こ
　れを拒むことができない。

606条（賃貸人による修繕等）
1　賃貸人は、賃貸物の使用及び収益に
　必要な修繕をする義務を負う。ただし、
　賃借人の責めに帰すべき事由によって
　その修繕が必要となったときは、この
　限りでない。
2　賃貸人が賃貸物の保存に必要な行為
　をしようとするときは、賃借人は、こ
　れを拒むことができない。

607条の2（賃借人による修繕）
　賃貸物の修繕が必要である場合にお

いて、次に掲げるときは、賃借人は、その修繕をすることができる。

一　賃借人が賃貸人に修繕が必要である旨を通知し、又は賃貸人がその旨を知ったにもかかわらず、賃貸人が相当の期間内に必要な修繕をしないとき。

二　急迫の事情があるとき。

724条（不法行為による損害賠償請求権の期間の制限）

　不法行為による損害賠償の請求権は、被害者又はその法定代理人が損害及び加害者を知った時から3年間行使しないときは、時効によって消滅する。不法行為の時から20年を経過したときも、同様とする。

724条（不法行為による損害賠償請求権の消滅時効）

　不法行為による損害賠償の請求権は、次に掲げる場合には、時効によって消滅する。

一　被害者又はその法定代理人が損害及び加害者を知った時から3年間行使しないとき。

二　不法行為の時から20年間行使しないとき。

724条の2（人の生命又は身体を害する不法行為による損害賠償請求権の消滅時効）

　人の生命又は身体を害する不法行為による損害賠償請求権の消滅時効についての前条第1号の規定の適用については、同号中「3年間」とあるのは、「5年間」とする。

あ と が き

　本書では、改正民法により建築瑕疵をめぐる瑕疵担保責任が契約内容不適合責任に変わることによって、どのような問題が生ずるのか、あるべき解釈について論じました。筆者の基本的スタンスは、従来の瑕疵担保責任の法制度のもとで合理的と考えられる法解釈であれば、その実質を、契約内容不適合責任の解釈にも活用すべきであるという点にあります。

　改正民法は2020年4月1日施行ですが、施行日前に成立していた契約については、改正民法ではなく、「従前の例による」ということで、改正前民法を基準にした解釈がなされることになります。本書で問題とした売買や請負における目的物の瑕疵が改正民法後に顕在化した場合でも、契約自体が改正民法施行前に成立していたら、「契約内容不適合責任」ではなく「瑕疵担保責任」の規定が解釈基準となるのです。また、「瑕疵担保責任」をめぐる合理的な解釈は「契約内容不適合責任」の解釈にも活かされるべきです。両者を全面的に断絶したものととらえるのではなく、継承・発展の関係としてとらえることこそが、民法典の現代的解釈の基本と解すべきでしょう。

　まだまだ筆者の思い及ばない点も多々あるかと思いますが、ひとまず問題提起ということで本書の結びとしたいと思います。

　最後に、本書が刊行できたのは、株式会社民事法研究会代表取締役の田口信義氏、編集部の軸丸和宏氏の多大な尽力のおかげです。ここに謝意を表します。

松　本　克　美

◆著者紹介◆

松本克美
（まつもと　かつみ）

立命館大学大学院法務研究科特別任用教授

〈略歴〉

1979年3月　　早稲田大学法学部卒業

1988年3月　　早稲田大学大学院法学研究科博士後期課程満期退学

1988年4月　　神奈川大学短期大学部法学科専任講師、同助教授を経て

1998年4月　　立命館大学法学部教授

2004年4月　　立命館大学大学院法務研究科教授

2022年4月　　立命館大学大学院法務研究科特別任用教授

ドイツ・フライブルク大学（1993年～1994年）、フンボルト大学（2006年12月～2007年2月、2008年～2009年）、ソウル大学（2007年3月）にて、在外研究

〈主な著書・論文〉

『時効と正義』（単著・日本評論社）

『続・時効と正義』（単著・日本評論社）

『現代の都市と土地私法』（共著・有斐閣）

『【専門訴訟講座②】建築訴訟〔第3版〕』（共編著・民事法研究会）

「建物の安全と民事責任──判例動向と立法課題」立命館法学350号

「民法改正と建築瑕疵責任」立命館法学375・376号　　　など

民法（債権法）改正後の建築瑕疵責任論
——欠陥住宅被害救済の視点から

2023年5月16日　第1刷発行

定価　本体 2,200円＋税

著　者　松本克美
発　行　株式会社　民事法研究会
印　刷　株式会社　太平印刷社

発行所　株式会社　民事法研究会
〒150-0013　東京都渋谷区恵比寿3-7-16
〔営業〕TEL 03（5798）7257　FAX 03（5798）7258
〔編集〕TEL 03（5798）7277　FAX 03（5798）7278
http://www.minjiho.com/　　info@minjiho.com

組版／民事法研究会

請負、売買、不法行為訴訟を中心に紛争の法理・実務・要件事実を詳解！

【専門訴訟講座②】

建築訴訟
〔第3版〕

松本克美・齋藤　隆・小久保孝雄　編

A5判・1057頁・定価 9,900円（本体 9,000円＋税 10%）

▶極めて専門性が高く、専門的知識・能力を必要とされる建築訴訟について、研究者・実務家・裁判官がそれぞれの専門知識を駆使して紛争解決の理論と実務指針を豊富な書式、資料を織り込みつつ明示！

▶従来、瑕疵担保責任として民法に規定されていたものが、契約内容不適合責任として新たな規定が設けられたほか、権利行使期間にかかわる消滅時効制度も大きく改正された平成29年民法（債権関係）改正に対応させるとともに、最新の判例、理論・実務状況を踏まえた待望の改訂版！

▶斯界の著名な研究者、東京・大阪地裁建築集中部出身裁判官、専門調停委員を経験した弁護士が最新の紛争解決指針を解説！

▶研究者・裁判官・弁護士・司法書士・司法修習生、法科大学院生に必携の1冊！

本書の主要内容

第1部　建築訴訟の法理

第1章　建築訴訟の意義と法的構造

第2章　建築瑕疵（契約内容不適合）訴訟

第3章　建築工事当事者間のその他の訴訟

第4章　建築行政紛争

第5章　建築近隣民事紛争

第2部　建築訴訟の実務

第1章　総　説

第2章　建築紛争の諸類型と訴訟

第3章　当事者代理人からみた建築訴訟

第4章　建築訴訟の審理

第5章　判決と和解

第3部　建築訴訟の要件事実と裁判

第1章　工事請負契約関係訴訟における
　　　　要件事実と証明責任

第2章　売買契約関係訴訟における
　　　　要件事実と証明責任

第3章　不法行為関係訴訟における
　　　　要件事実と証明責任

第4章　損害額算定に関する諸問題

資料編

発行 民事法研究会

〒150-0013　東京都渋谷区恵比寿 3-7-16
（営業）TEL. 03-5798-7257　FAX. 03-5798-7258
http://www.minjiho.com/　info@minjiho.com

消費者の視点に立った欠陥のない安全・安心な住まいづくりのための必読書！

消費者のための
家づくりモデル約款の解説
〔第3版〕

日本弁護士連合会消費者問題対策委員会　編

A5判・165頁・定価 1,980 円（本体 1,800 円＋税 10％）

▶欠陥住宅問題で業者側の責任を追及する際の法的根拠であった「瑕疵担保責任」との用語が民法上なくなり、新たに「契約不適合責任」として規定されるなど大きな変更があった令和2年施行の民法（債権法）改正に対応させて改定された住宅建築工事請負契約約款（モデル）の逐条解説書の最新版！

▶第3版では、最新の法令・判例、実務状況等に即して、条項およびそのまま使えるひな型集を改定！

▶欠陥住宅を生み出さないために、注文者・消費者の視点に立って、工事の「監理」を重視したそのまま使える建築工事請負契約のモデル約款を提示！

▶専門的知識や技術的理解力をもたない消費者でも容易に理解でき、かつ契約にあたって留意しなければならない事項を簡明に教示している家づくりのための必読書！

▶消費者だけでなく、建設業関係者、建築士をはじめ弁護士、司法書士、消費生活センターなどで日頃消費者問題に携わっている方々の必携書！

本書の主要内容

第1部　基礎知識編

第1章　はじめに

第2章　建築請負契約の基礎知識

第2部　モデル約款の逐条解説

第1章　総則（1条〜13条）

第2章　建築工事の遂行（14条〜21条）

第3章　検査・引渡（22条〜24条）

第4章　契約の変更・違反・責任（25条〜30条）

第5章　紛争の解決（31条）

第6章　付則（32条）

第3部　そのまま使えるひな型集

【ひな型1】　建築請負契約書

【ひな型2】　住宅建築工事請負契約約款（モデル）

【ひな型3】　請負代金内訳明細書

【ひな型4】　契約不適合補修方法一覧表

発行 民事法研究会

〒150-0013　東京都渋谷区恵比寿 3-7-16
（営業）TEL. 03-5798-7257　FAX. 03-5798-7258
http://www.minjiho.com/　info@minjiho.com